JN418768

경북의 종가문화 23

문무의 길,
영덕 청신재 박의장 종가

경북의 종가문화 23

문무의 길,
영덕 청신재 박의장 종가

기획 | 경상북도 · 경북대학교 영남문화연구원
지은이 | 우인수
펴낸이 | 오정혜
펴낸곳 | 예문서원

편집 | 유미희
디자인 | 김세연
인쇄 및 제본 | 주) 상지사 P&B

초판 1쇄 | 2013년 10월 31일

주소 | 서울시 성북구 안암동 4가 41-10 건양빌딩 4층
출판등록 | 1993년 1월 7일(제307-2010-51호)
전화 | 925-5914 / 팩스 | 929-2285
홈페이지 | http://www.yemoon.com
이메일 | yemoonsw@empas.com

ISBN 978-89-7646-312-8 04980
ISBN 978-89-7646-307-4 (전8권)

값 20,000원

경북의 종가문화 23

문무의 길,
영덕 청신재 박의장 종가

우인수 지음

예문서원

지은이의 말

무안박씨 무의공종가는 영남지역의 명문가 중의 하나이다. 이 가문이 명문가로 자리를 잡을 수 있게 된 데는 부단한 숨은 노력이 있었다. 과거의 급제와 이에 이은 관직으로의 진출, 국가에 대한 충성, 부모에 대한 효와 가족 간의 우애, 학문과 교육에 대한 끊임없는 관심과 열정, 가격家格의 신장에 도움이 되는 가문들과의 혼인, 위의 것들의 기반이 되는 경제적인 부의 확보 등이 복합적으로 작용한 결과인 것이다.

무안박씨 영해파 가문의 격을 신장시킨 중심에는 박의장이 있었다. 그는 임진왜란이라는 국가적 위기를 극복하는 데 앞장선 인물이었다. 임진왜란기에 경주의 수령으로 오랫동안 재직하면서 왜적과 마주한 최전선을 지키는 장군으로서 맹활약을 하였다. 영천성을 수복하는 데 힘을 보태었고, 이어 경주를 수복하는 데 주도적인 역할을 하였을 뿐 아니라 그 이후 경주를 거점으로 왜적 방어와 소탕에 힘을 쏟았다. 경주를 중심으로 하여 울산, 영천, 자인, 대구로 이어지는 방어선이 그가 주로 활약한 지역이었다. 그가 경주를 거점으로 하여 이 지역을 확고하게 지킴으로써 경상도의 동북지역이 보전될 수 있었고, 왜군의 전략에 막대한 차질을 주어 임진왜란을 극복하는 데 큰 힘이 되었다.

또한 그는 경주지역의 목민관으로서의 역량도 잘 발휘하였다. 전쟁기라는 특수한 상황에서 임진왜란 초기 왜적에게 일시 함락되어 붕괴되었던 경주를 복구하였을 뿐 아니라 백성들을 불러 모아 온전한 삶의 공간에서 안심하고 살 수 있는 터전으로 만들었던 것이다. 그 바탕 위에서 경주에 머문 수많은 조선군과 명의 구원군을 뒷바라지하는 행정력을 발휘하였다. 그리하여 경주민들로부터 끝없는 신망을 입어 임진왜란기 9년 동안 경주의 목민관으로서 읍정을 관장하였다.

이름난 장군으로서의 명성과 어진 목민관으로서의 명망을 지닌 박의장으로 인해 그의 가문은 일약 명문으로 발돋움할 수 있는 기반을 마련하였다. 이를 기반으로 삼아 그의 아랫대부터는 무반가에서 문반가로의 변화를 적극적으로 모색하기 시작하였다. 문인을 무인보다 우선시하고 더 귀하게 여긴 당시의 사회

풍조와 관련된 것이었겠는데, 그의 가문도 그러한 시류에서 벗어나 있을 수 없었던 것이다. 셋째와 넷째 아들인 늑과 선의 노력으로 점차 변화하기 시작하였다. 선대가 모은 경제력을 바탕으로 수천 권의 장서를 모아 문반가로의 전환의 토대를 마련하였다. 그리고 문반가로서의 명성을 가진 가문과 적극적으로 혼인을 맺어 가문의 분위기를 쇄신하는 데도 노력하였다. 그중 대표적인 사례로 재령이씨 존재 이휘일과 갈암 이현일을 사위로 맞이한 것을 들 수 있다. 이러한 노력의 결과 영해파에서는 생원 · 진사시에 합격하고 또 문과에 급제하는 이도 나타났으며, 큰 학자의 문하에서 학문을 닦거나 교류하면서 학문적 실력을 인정받는 학자도 배출되기에 이르렀다. 이로써 점차 무반가에서 문반가로의 변화에 성공하였다.

근대기 일본에 의해 국권이 침탈당하는 위기에 처하여서는 분연히 일어나 저항하는 강한 애국심을 보여 주었다. 을미사변 이후에 일어난 영해지역 의병운동에도 앞장섰을 뿐 아니라 의병기지를 조성하기 위한 계획에 주도적으로 참여하기도 하였다. 일제에 강점을 당한 이후에는 안동지역의 인사들과 연결하여 전 가족을 이끌고 만주로 건너가서 갖은 고초를 겪으면서 독립운동에 헌신하였다. 그 과정에서 종가의 재산도 독립자금 조달을 위해 처분하였다. 임진왜란 때 왜군을 최전선에서 막아 낸 무의공의 후손다운 선택이었다고 하지 않을 수 없다.

작년은 임진왜란이 일어난 지 7주갑이 되는 해였다. 7주갑, 즉 420년 전 지금쯤은 무의공이 전년에 수복한 경주성을 굳건히 지키고 있는 가운데 군사 300명을 거느리고 2,000명의 왜군을 통쾌하게 격퇴한 파잠전투가 한창 벌어진 때다. 이때 왜적은 한성에서 철수하여 동남해안 일대에 왜성을 쌓고 주둔하면서 화의를 진행하는 한편 인근지역을 공략하고 있었다. 왜적은 경주 인근으로 통하는 길이 막히자 밀양, 청도를 통하여 대구로 왕래하고 있었는데, 이를 차단하기 위해 파잠에 매복해 있다가 팔조령을 넘어 대구로 들어오는 왜군을 크게 격퇴한 것이었다. 수십 명의 목을 베고 수백 필의 말을 빼앗는 등 큰 전공을 세웠다.

나는 파잠전투가 벌어진 것으로 추정되는 역사적 현장과 가까운 곳에 살고 있다. 주말이면 가끔 지나다니는 익숙한 곳인데, 지금은 왕복 4차선 도로가 말끔하게 포장되어 있어 차량이 시원하게 달릴 수 있으며, 팔조령 아래로는 터널까지 뚫려 있어 격세지감을 느낀다. 이 글을 쓰는 지금 투지에 넘치던 그날의 박의장 장군과 그를 따랐던 용감한 300명 조선 관군의 형형한 눈빛을 생각한다.

이 책을 쓰면서 도움을 받았던 많은 분께도 인사를 드려야겠다. 면담을 위해 무의공종가를 방문하였을 때 환대를 해 주신 노종부님과 박연대 종손, 종손의 동생인 용대 씨, 그리고 무의공 종회 박동현 문회장님과 무안박씨 대종회 회장을 지내신 박동수 님을 위시한 여러 문중 어른께 감사드린다. 이분들은 사랑채에서 이루어진 면담에서 유익한 말씀을 들려주셨을 뿐 아니라 주변지역의 답사에도 동행하시면서 여러 가지 주선과 필요한 설명을 아끼지 않으셨다. 그리고 집필 중 막히는 부분을 해결하기 위해 요청한 추가 면담에서 세 시간에 걸쳐 자세하게 설명하고 증언해 주신 문중의 어른 박동욱 님께도 깊이 감사드린다.

실무를 맡은 영남문화연구원 종가팀의 백운용, 손유진 두 전임연구원은 종가 어른들과의 만남을 주선하고 또 먼 길을 동행하였다. 뿐만 아니라 집필에 필요한 사진과 동영상 자료를 제때에 잘 제공해 주었다. 책의 출간을 이 모든 분과 함께 축하하며 기뻐한다.

2013년 4월

우인수

차례

淸愼舊宅

제1장 무안박씨와 영덕

1. 영해 그리고 영덕

영덕군은 경상북도 동해안의 중앙에 위치한 군이다. 동쪽은 동해, 서쪽은 영양군과 청송군, 남쪽은 포항시, 북쪽은 울진군과 접하고 있다. 태백산맥의 동쪽 사면에 위치해 동쪽으로 갈수록 점차 낮아져 동해에 이른다.

북동쪽에는 태백산맥의 분수령인 칠보산七寶山(810m)과 등운산騰雲山(767m)이 솟아 있고, 북서쪽 영양군과의 경계에는 독경산獨慶山(683m)·울치재(泣嶺, 527m)·명동산明童山(812m)이 있다. 남서쪽 청송군과의 경계에는 대둔산大遯山(905m)·대궐령大闕嶺(740m)이 있다. 중앙부에는 형제봉兄弟峰(704m)·국사당산國祠堂山(511m) 등이 솟아 있다.

태백산맥이 남북으로 가로지르고 있기 때문에 큰 강이 형성되기는 어려운 지형이다. 서부산지에서 발원해 동해로 흘러드는 송천松川과 오십천五十川이 비교적 규모 있는 하천에 속한다. 송천은 창수면 울치재에서 발원하여 울릉천蔚陵川과 남천南川을 차례로 합한 다음 대진해수욕장에서 동해로 흘러든다. 오십천은 대둔산에서 발원하여 지품면을 동류하다가 대서천大西川과 소서천小西川을 합류한 다음 영덕읍·강구면을 관통하여 동해로 흘러든다. 이들 하천의 하류에는 각각 영해평야와 영덕평야, 그리고 금호평야가 형성되어 경지와 취락이 집중해 있다.

영해는 태백산맥을 따라 동해로 내려오다가 해안평야에 자리를 잡은 우시국于尸國이라는 소국에서 출발하였다. 그리고 영덕은 삼한시대 오십천 상류에 자리를 잡아 취락형태를 이루면서 점차 그 하류로 옮겨 왔던 야시홀也尸忽에서 유래하였다. 모두 동해안을 장악하고 있던 예濊의 세력하에 놓여 있다가 신라의 북상에 따라 신라의 영역에 들어갔다. 757년(경덕왕 16) 우시국은 유린군有隣郡이 되었고, 야시홀은 야성군野城郡이 되었다.

940년(고려 태조 23) 전국의 군명을 개정할 때 유린은 예주禮州로, 야성은 영덕盈德으로 바뀌었다. 예주는 농산물과 해산물이 풍부해 동해안의 웅부로 발전한 데 비해 영덕은 군에서 현으로 격하되어 지방 소읍으로 존재하였다. 1310년(충선왕 2) 예주는 영해부로 개칭되었다. 이때부터 영해박씨의 족세가 성해 중앙관료로 많이 진출하는 한편, 이곡李穀 · 이색李穡 · 권근權近 등 명현들이 한때 우거 또는 적거謫居함으로써 인재가 배출되었다.

1413년(조선 태종 13) 영해는 도호부가 되어 영덕현을 거느린 채 동해안을 침범하는 왜적을 막는 중추 구실을 하였다. 영해부는 북으로 강릉 · 삼척 · 울진 지방, 남으로 영일 · 경주 지방, 서로 청송 · 안동 지방과 연결되어 그곳 사족들과 왕래 · 교섭이 잦았다. 영덕현은 해읍 벽현壁縣으로 토착양반이 적은 데 비해 영해 지방은 도처에 사족의 동족마을이 형성되어 '소안동小安東' 이라는 별명을 가지게 되었다.

1895년(고종 32) 지방관제 개정 때 영해부와 영덕현이 다 같이 군이 되었다가 일제강점기인 1914년 대대적인 행정구역 통폐합 시에 영해군은 영덕군에 폐합되었다. 고려와 조선시대를 통해 동해안의 군사 · 행정의 중심지였던 영해가 오히려 영덕군에 포함되어 한낱 면에 머무르게 된 것은 일제가 영해지역을 중심으로 활발하였던 항일의식을 꺾으려 했기 때문이었다. 한말의 의병장 신돌석申乭石을 중심으로 격렬한 항일운동이 전개되었던 곳도 영해였으며, 영양 출신 의병장 김도현金道鉉이 유서와 절명시를 남기고 바다에 투신하여 항거한 곳도 영해의 관어대觀魚臺였다.

2. 영해 입향

박씨의 기원은 신라의 시조왕인 박혁거세에서 비롯되었다. 박혁거세의 29세손이자 신라의 54대 왕인 경명왕이 여덟 왕자를 두었는데, 이 왕자들이 각기 분파의 원조가 되었다. 즉 첫째 언침彦沈은 밀성대군密城大君으로 밀양박씨의 시조가 되었고, 둘째 언성彦成은 고양대군高陽大君으로 고령박씨의 시조가 되었고, 셋째 언신彦信은 속함대군速咸大君으로 함양박씨의 시조가 되었으며, 넷째 언립彦立은 죽성대군竹城大君으로 죽산박씨의 시조가 되었다. 다섯째 언창彦昌은 사벌대군沙伐大君으로 상주박씨의 시조이고, 여섯째 언화彦華는 완산대군完山大君으로 전주박씨의 시조이고, 일곱째 언지彦智는 강남대군江南大君으로 순천박씨의 시조이며, 여덟째 언의彦儀는 월성대군月城大君으로 경주박씨의 시조가 되었다.

완산대군의 5세손인 진승進昇이 무안을 관향으로 삼아 무안박씨의 시조가 되었다. 진승은 고려조에 국학國學 전주典酒를 역임하였으며, 공을 세워 전라도 무안을 식읍으로 하사받음으로써 그곳을 관향으로 삼았던 것이다. 이후 후손들은 중앙에서의 벼슬길이 끊이지 않아 개경과 무안을 오가며 활동하였다.

그 아들 섬暹은 무안현 출신으로 거란 침입 시에 현종을 전주에서 나주까지 호종한 공으로 후일 호종공신에 책봉되어 벼슬이 상서우복야尙書右僕射에 이르렀다. 2대손 윤위允位는 검교대장군, 3대손 유儒와 4대손 성기成器는 상장군을 지냈다. 5대손 부는 밀직부사密直副使, 군부판서軍簿判書, 상장군을 역임하였다. 6대손 문오文晤는 일찍이 고려조에 과거에 급제하여 벼슬이 정승에 이르렀다. 고려 말에 홍건적을 토벌한 공으로 면성부원군綿城府院君에 봉해졌다. 7대손 윤류允鏐는 고려 명신인 민지閔漬의 사위로서 내시보승별장內侍保勝別將, 판도정랑版圖正郎을 거쳐 군부정랑軍簿正郎에 이르렀다. 8대손 천무天茂는 조선 초기에 평양소윤平壤少尹을 역임한 것으로 추정된다.[1]

여말선초의 무안박씨는 왕조 교체에 유연하게 대응하면서 조선의 개국에 기여하였다. 9대손 의룡義龍은 태조 이성계와 '포의지교布衣之交'가 있었다고 한다. 그는 1388년 의주목사를 역임한 이래 조선의 개국에 적극 가담하여 개국공신에 책봉되었다. 호조, 병조, 형조의 판서를 역임하고 1398년에 치사하자 태조가 '개국정사윤충입공開國定社輪忠立功'의 여덟 글자를 내렸다고 한다. 치사한 뒤로는 증조 박문오의 유업이 남아 있는 무안으로 낙향하여 소요하였다고 한다.

무안박씨가 경상도 영해지역과 인연을 맺은 것은 진승의 13대손 지몽之蒙이 조선 전기에 영해에 정착하면서였다. 세조가 단종을 몰아내고 왕이 되는 사태가 벌어지자 진승의 12대손인 선전관宣傳官 해解는 벼슬을 버리고 여주로 퇴거하였다가 일찍 세상을 떠났다. 부모를 여읜 지몽은 1470년경 영덕현령에 임명된 백부 이頤를 따라왔다가 인근 영해의 수려한 산수에 반하여 돌아가지 않고 정착할 것을 결심하게 되었다. 그리고 이 지역의 영덕박씨 종문宗文의 딸과 혼인하여 인량리에 정착하였다. 연산군 대의 권신인 임사홍의 고종이었던 지몽은 임사홍의 전횡이 장차 자신에게 화를 불러올 것이라 염려하여 멀리 떨어진 곳에 정착하게 되었다고 한다. 박종문은 영해지역의 유력가문 출신으로 젊은 나이에 무과에 급제하여 함길도도사로 재임 시에 이시애의 난을 토벌하다가 순절한 인물이었다.

박지몽은 오위五衛의 종5품 서반 무관직인 부사직副司直에 이르렀다. 지몽이 인량리에 터를 잡은 후 자손이 번성하고 뛰어난 인물이 많이 배출되었으며, 이후 그 자손들은 인량리를 위시하여

박지몽 묘역(무의공종가 제공)

원구리, 도곡리, 갈천리, 인천리, 삼계리 등지로 퍼져 나갔다. 마침내 조선 후기에는 영양남씨, 재령이씨, 안동권씨, 대흥백씨와 더불어 영해지방의 5대 성씨의 반열에 들게 되었다.

16세기 초에 박지몽의 아들 영기榮基와 손자 세렴世廉 부자는 인량리에서 남쪽으로 2킬로미터 정도 거리에 위치한 원구리로 거주기반을 옮겼다. 원구리는 원래 영양남씨에 의해 개척되기 시작한 곳이었는데, 인량리에 비견될 정도로 넓은 토지에다가 안정적인 수원을 확보하고 있었다. 영양남씨와 결혼한 것이 주요한 계기로 작용하였다. 즉 영기의 매부가 원구리를 처음 개척한 영양남씨 남한립이었으며, 세렴 또한 영양남씨인 남시준의 딸과 혼인하는 등 중첩적인 통혼관계를 형성하고 있었던 것이다.

박세렴의 아들인 박의장은 바로 원구리에서 태어났다. 원구리는 영해부의 소재지에서 서쪽으로 약 4킬로미터 지점인 중구봉 아래에 자리 잡고 있다. 마을명은 최초 원구元龜에서 원고元鼓, 원고元皐, 원파元坡, 원구元邱로 변천하였다. 이름마다 관련된 유래가 있으나 현재의 원구元邱는 으뜸 언덕으로, 중구봉重九峰 아래의 언덕 마을로서 다른 지역의 모범이 되는 마을이라는 뜻으로 해석된다. 마을의 주산이 중구봉이라고 명명된 유래는 매년 중양절重陽節에 마을의 늙은이와 젊은이들이 중구봉 꼭대기에 올라 시회詩會를 열어 하루를 즐겼다는 데서 연유한다.

마을을 중심으로 동으로는 관어대의 상대산이 있고, 서로는 일월산의 갈래인 형제봉이, 남으로는 경악산이, 북으로는 옥녀봉이 멀리서 둘러싸고 있는데, 마을은 모두 동향으로 배치되어 있다. 마을 앞으로는 대동에서 발원하여 마을 남쪽의 용당산을 끼고 흐르는 남천과 울치재에서 흘러온 서천이 합류하여 송천강을 이루어 동해로 흘러들어 간다. 특히 이곳은 평야지로서 마을 북쪽의 미례평과 마을 서쪽의 옥금평, 마을 북서쪽의 곡강평, 마을 동쪽의 은보평, 마을 남쪽의 남천평 등 평야가 펼쳐져 있고 송천강이 동해로 힘차게 뻗어 흐르고 있다.

항공 촬영한 인량리 모습(무의공종가 제공)

항공 촬영한 원구리 모습(무의공종가 제공)

항공 촬영한 도곡리 모습(무의공종가 제공)

조선시대에는 이곳 원구리 입구인 용당에서 괴시리까지 숲이 무성하여 그 숲을 임두정 숲이라고 불렀으며 그 경관이 뛰어났다고 하나 지금은 거의 없어졌다. 지금도 박씨, 남씨, 백씨 3성이 마을의 주류를 이루고 있으며, 문과와 무과, 생원, 진사에 급제한 사람과 학행이 뛰어났던 이들이 많아 영해부에서 제일 많은 인재를 배출하였다고 하는 유서 깊은 마을이다.

3. 무안박씨 영해파

영해 입향조인 지몽은 원기元基, 양기良基, 영기榮基, 창기昌基, 인기仁基 등 다섯 아들을 두었다.

장자 원기는 1513년(중종 8) 진사시에 합격하였으며, 그 아랫대에서는 4대에 걸쳐 문과급제자 다섯 명을 연속으로 배출하면서 일약 명문가로 급부상하였다. 원기의 차자 전全을 위시하여 손자 선장善長, 증손 간玕, 현손 돈복敦復과 안복安復이 그들이었다.

전(1514~1558, 중종 9~명종 13)은 1546년(명종 1) 33세의 나이에 증광문과增廣文科에 병과로 급제한 후 성균관전적, 사헌부감찰, 예조좌랑, 북평사 등의 관직을 거쳐 호조정랑에 임명되었다. 천성이 강직하고 절개가 곧아 불의에 굽히지 않았다고 하며, 문집으로 『송파일고松坡逸稿』를 남겼다.

선장(1555~1616, 명종 10~광해군 8)은 아버지 전과 어머니 웅천주씨 사이에서 태어났다. 4세 때 아버지를 여의고, 10세 때 어머니를 따라 영천榮川 즉 오늘날의 영주榮州로 이거하여 성장하였다. 그곳에서 그의 사부이자 장인이 된 남몽오南夢鰲의 문하에서 수학하였다. 이때부터 이 가계는 영주에 근거지를 두게 되었다. 아들 간의 급제 소식에 분발하여 2년 뒤인 1605년(선조 38) 51세의 늦은 나이로 증광문과에 급제하였으며, 성균관전적, 예안현감, 경상도도사 등을 역임하였다. 시조 「오륜가五倫歌」를 남겼으며, 문집으로 『수서집水西集』이 있다.

간(1576~1652, 선조 9~효종 3)은 1603년(선조 36) 식년문과에 급제하여 판교判校에 이르렀다. 그 아들 안복(1601~1652, 선조 34~효종 3)도 1624년(인조 2)에 생원시에 합격하였고, 1639년(인조 17)에 식년문과에 급제하여 관직이 좌랑에 이르렀다. 그리고 원기의 맏아들인 붕鵬의 증손인 돈복(1584~1647, 선조 17~인조 25)은 1606년(선조 39) 생원시에 합격하고, 1624년(인조 2) 41세 때 문과에 합격하였다. 성균관학유學諭로 출사하여 예조좌랑과 장령을 거쳐 김해부사에 이르렀다. 의지가 굳고 기개가 높았을 뿐 아니라 청렴한 것으로도 이름이 높았다. 『창주문집滄洲文集』 3권이 세상에 전한다.

이상과 같이 장자 원기元基의 아랫대에서는 문과합격자를 연속 배출하는 기염을 토하였으나, 당상관 이상의 고위 관직에까지는 이르지 못하였다는 점에서 아쉬움이 남는다.

한편 지몽의 아랫대에서 자식이 가장 번성한 것은 셋째 아들 영기榮基 쪽이었다. 영기는 용양위우부장龍驤衛右部將을 역임하였다. 후일 손자 의장의 현달함으로 인해 통훈대부공조참의에 추증되었다. 그는 인량리를 떠나 원구리(원두들)에 새 터전을 닦았다. 영해신씨와의 사이에 아들 4형제를 두었는데, 세충世忠, 세현世賢, 세렴世廉, 세순世淳이다. 영해신씨는 가내의 규범을 엄격히 하여 자녀들을 훌륭하게 성장시켰을 뿐 아니라, 이른바 봉제사奉祭祀 접빈객接賓客을 예법에 맞추어 시행함에 따라 반가班家의 기틀을 마련하였다. 그 아랫대에서는 내리 3대에 걸쳐 무과급제자 일곱 명을 배출하였다. 세현 · 세렴 · 세순 형제, 세렴의 아들 의장毅長 · 홍장弘長 형제, 의장의 아들 유瑜 · 늑玏 형제가 그들이었다.

먼저 세현(1521~1593, 중종 16~선조 26)은 영기의 둘째 아들로 퇴계 이황의 문인이었으며, 무과에 급제한 후 선전관, 김해부사를 거쳐 경상좌도수군절도사에 이르렀다. 이황의 질녀와 혼인하였으며, 이황은 이 인연으로 박씨 가문에 '경수당慶壽堂' 이라는 당호를 친필로 써서 보내 주었다고 한다. 경수慶壽는 『주역周易』의 '적선지가積善之家 필유여경必有餘慶' 의 경慶과 「홍범洪範」의 '오복일왈수五福一曰壽' 의 수壽를 따서 지은 것이었다. 후일 경수당의 편액은 영기의 넷째 아들 세순의 집에 걸리게 되었다. 약 20년간 조카인 박의장을 수양자로 삼아 물심양면으로 많은 도움을 주

경수당 현판(무의공종가 제공)

었고, 의장도 부자의 의리를 잘 지켰었다. 과거급제, 혼인 등의 특별한 계기가 있을 때마다 별도의 재산을 선물로 물려받았다. 박의장은 퇴계 이황의 문인이자 질서였던 백부로부터 경제적인 지원도 지원이었지만, 무엇보다도 학문적 소양을 물려받은 것이 더 큰 부분이었다고 하겠다. 사적인 양자를 유지하다가 세현의 소생이 벼슬길에 나아갈 길이 열리게 되자 파양하게 되었다. 당시 세현은 "20여 년의 정리가 부자와 같고 사랑이 매우 깊다"라고 하면서 별도의 재산을 물려주기도 하였다.

세렴(1535~1593, 중종 30~선조 26)은 영기의 셋째 아들로 1558년(명종 13)에 무과에 급제하여 전옥서주부를 거쳐 영일현감을 역임

박영기-영해신씨-박세렴 묘역(무의공종가 제공)

하였다. 무예와 더불어 경서에도 밝았기 때문에 무반으로서 선비의 풍모를 가진 인물로 칭송되었다. 아들 의장의 현달함으로 인해 자헌대부 병조판서에 추증되었다. 영양남씨 남시준南時俊의 딸을 부인으로 맞이하여 의장·홍장 형제를 두었다. 남시준은 이황과 사돈관계에 있었다. 점차 학문을 존중하는 숭문의 분위기가 사회적으로 확산되는 가운데 아들과 손자에게 학문적 교양을 강조하는 교육을 행함으로써 후일 무의공종가가 문한적 소양을 갖추게 되는 토대를 닦았다.

박세렴은 원구리로 이주한 이후 경제적인 기반을 비약적으로 확대하였다. 일반적으로 토지보다 노비의 재산가치가 높았던 현실에 반해 무안박씨가의 경우는 토지의 비중이 높고 규모도 방대하였다. 이 시기 토지의 생산성이 점차 높아짐에 따라 노비보다 토지의 재산 비중이 상승하게 되었는데, 박세렴은 바로 이러한 경제적 흐름에 가장 적절하게 대응하였다고 볼 수 있다. 한편 그는 임진왜란으로 흉년이 거듭하여 굶주리는 자가 길에 가득할 때 이를 민망하게 여겨 큰 솥을 설치하여 죽을 끓여 놓고 북을 울려 알려서 굶주리던 사람들을 구휼하는 인정도 베푼 인물이었다. 그리고 전쟁이 한창이던 어느 날에는 인량리 인근의 강가에서 구렁텅이에 머리를 처박은 채 굶주려 쓰러져 있던 20대 초반의 남자와 10대 여자를 업고 와서 음식을 먹여 살려 낸 적도 있었다. 이들은 전란으로 인해 다른 도에서 피난해 영해까지 흘러든 인물들로 당시 극심한 기근으로 인해 생사를 넘나들고 있었던 것이다.

안동 출신으로 장릉참봉을 역임한 우천愚川 정칙鄭侙은 묘갈명에서 다음과 같이 박세렴의 풍모를 묘사하였다.

공은 풍채가 수려하고 명랑하고 기량이 웅대하였으며, 몸은 무반에 담고 있었으나 마음은 유가儒家에 두고 있었다. 다른 사람들과 함께 지낼 때는 용태를 반드시 가다듬었고 말을 반드시 삼갔다. 외진 해변에서 태어나 성장하다 보니 스승과 벗으로부터 교도를 받을 수 없어서 일생을 그르치게 되었음을 늘 크게 한스럽게 여겼다. 옛 책을 보다가 충효와 절의를 말한 대목에 이르게 되면, 반드시 세 번 반복하여 읽고 주의하면서 자신도 그런 사람들과 똑같이 될 것을 생각하였다. 비록 글하는 선비나 단정한 군자라 할지라도 모두 공을 경모하였으며, 감히 무반이라 하여 함부로 대하지 않았다.[2]

세순(1539~1612, 중종 34~광해군 4)은 영기의 넷째 아들로 무과에 급제하여 첨지중추부사에 이르렀다. 임진왜란에 공을 세워 선무원종 2등공신에 책봉되었다. 특히 조카 의장이 경주부윤으로 있으면서 명 구원군의 군량이 부족하여 애를 먹고 있을 때, 쌀 700섬을 지원하기도 하였다. 이재에 밝아 물려받은 재산을 토대로 하여 상당한 부를 축적해서 이후 가문 중흥의 경제적 기반을 마련하였다. 이황으로부터 받은 경수당 편액이 그의 집에 걸렸다. 아들 진장進長은 무후하여 의장의 셋째 아들 늑玏을 양자로 맞이해 가계를 이었다.

의장(1555~1615, 명종 10~광해군 7)은 영기의 셋째 아들 세렴의

장자였다. 퇴계 이황의 문인인 유일재惟一齋 김언기金彦璣의 문하에서 유학의 기초를 닦았으며, 역시 이황의 문인인 성재惺齋 금난수琴蘭秀와도 종유하였다. 1577년(선조 10) 무과에 급제하여 훈련원봉사, 군기시직장, 경주판관, 경주부윤, 경상좌도 병마절도사와 수군절도사 등을 역임하였다. 특히 임진왜란기에 경주판관과 부윤을 지내면서 왜적에 빼긴 경주를 탈환하고 이후 굳건히 지키는 큰 공을 세웠다. 후에 선무원종공신宣武原從功臣 1등에 책봉되었으며, 정조조에 시호를 무의武毅로 하사받았다.

홍장(1558~1598, 명종 13~선조 31)은 1580년(선조 13)에 형에 이어 무과에 급제하였다. 만호, 선전관의 벼슬을 거쳐 제주판관으로 재직 시 임진왜란을 맞이하였다. 임진왜란기에는 제주조방장濟州助防將, 영암군수, 대구부사를 역임하면서 전략적 요충지를 굳게 지킴은 물론 민심을 안착시키고 군량을 안정적으로 확보하였다. 특히 당시 영의정이었던 서애 류성룡은 무장으로서 명성이 높은 박홍장을 대구부사로 적극 추천하여 임명하게 하는 한편, 그로 하여금 오로지 대구부의 일을 돌보는 데 온 정성을 쏟게 하고 농우와 곡식 종자도 특별히 조처해 줄 것을 선조에게 건의하였다. 이에 힘입어 박홍장은 전쟁이 잠시 소강상태인 상황에서 곤궁해진 백성들을 진휼하여 민심을 안착시키고 군량미를 효과적으로 마련함으로써 기대에 부응하였다. 군자감정, 장악원정 등을 거쳐 특히 1596년(선조 29)에는 통신사의 부사로 정사인 황신

목사공종택(박홍장, 무의공종가 제공)

黃愼과 더불어 일본을 다녀왔다. 왜군 수뇌부의 동향과 외교적 교섭 상황을 선조에게 비밀리에 장계로 보고하였으며, 그때 일기인 『동사록東槎錄』을 남기기도 하였다. 『동사록』은 현재 일본 나고야박물관에 소장된 『관감록觀感錄』 초본에 부록으로 수록되어 있다. 일기는 1596년 7월 30일 경주에서 통신정사 황신 일행을 만나 부산항을 출발, 같은 해 11월 23일 부산포에 돌아오기까지 약 4개월의 여정을 담고 있다. 당시 통신정사에는 문신으로서 영민하고 담력이 있는 황신이 임명되었으며, 통신부사로는 재주와 식

견, 그리고 충성심이 높은 인물로 박홍장이 선발된 것이었다. 출발에 앞서 선조는 박홍장을 정3품 당상관에 제수함은 물론, 고향에 계신 그의 어머니에게도 달마다 음식을 지원해 줄 것을 해당 지방관에게 명하였다. 귀국 후 순천부사를 거쳐 상주목사에 임명되었으나 병으로 부임하지 못하였고, 1598년 41세의 나이로 사망하였다. 전장에서 동생의 사망 소식을 들은 박의장은 형으로서의 비통한 마음을 담은 제문을 써서 애도하였다. 몸에는 갑옷을 두른 채 가슴을 치며 통곡할 따름이라고 밝히고, 오장이 무너져 내리는 슬픔 속에서 마지막 형의 도리로 동생의 가족들은 자신이 끝까지 보살필 것을 다짐하였다.

유(1576~1618, 선조 9~광해군 10)는 아버지 의장과 어머니 영천이씨 사이에서 맏아들로 태어났다. 1593년(선조 26)에 무과에 급제하여 훈련원주부, 장기현감, 영산현감 등을 역임하였다. 늑(1594~1656, 선조 27~효종 7)은 의장의 셋째 아들로 1618년(광해군 10)에 무과에 급제하여 선전관, 회령판관, 오위도총부경력 등의 관직을 거쳤다. 당숙인 진장進長에게 출계하여 세순의 뒤를 이었다.

위와 같이 영해파는 입향 직후부터 자손이 번성하였을 뿐만 아니라 문·무과에 급제자를 대를 이어 다수 배출함으로써 점차 이 지역을 대표하는 명문가로서의 기반을 구축하게 되었다. 특히 박의장은 임진왜란 당시 경주판관으로 있으면서 경주성 탈환 작전을 성공으로 이끌었으며, 이어 경주부윤으로 장기간 재임하면서 경주를 왜적으로부터 수호하는 한편 전화로부터 경주를 복구하는 데 큰 공을 세움으로써 무안박씨 영해파를 대표하는 인물로 자리 잡게 되었다.

【무의공종가의 가계도】[3]

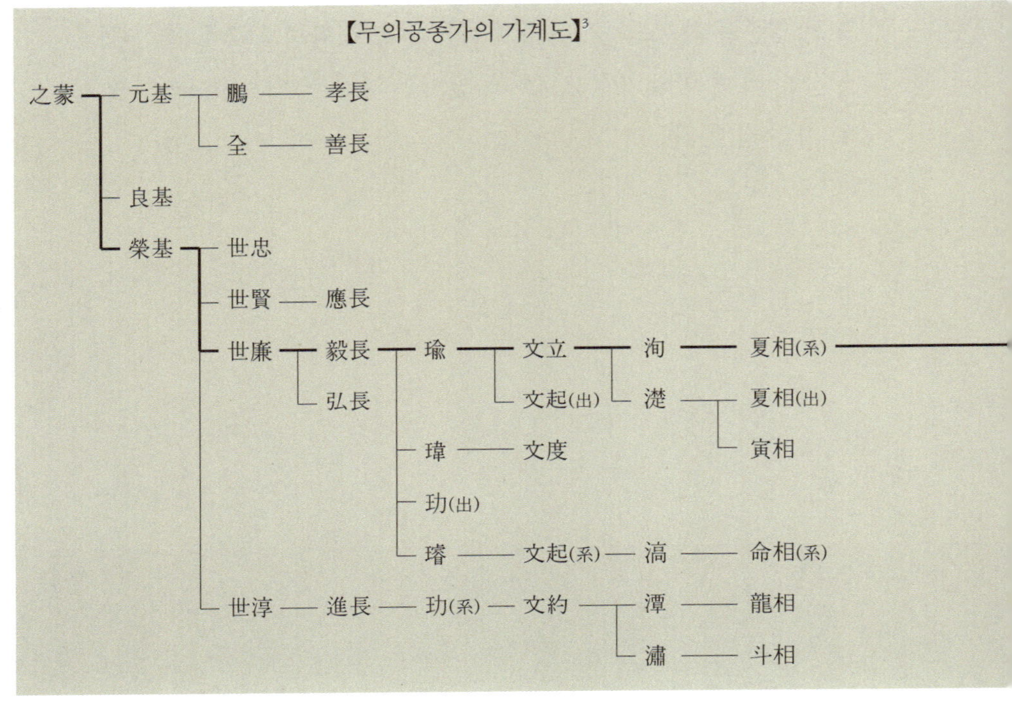

주

1) 족보의 고려조 인물들의 계보는 정확하지 않아 시기적으로 부조의 계승이 맞지 않는 경우가 더러 발견되고 있을 뿐 아니라, 400년 동안 9세대에 불과한 점도 족보의 신뢰성을 떨어뜨리면서 불완전성을 보여 준다. 중시조 이래의 몇 세대가 탈락된 것인지, 중시조의 연대를 국초로 끌어올린 것인지 확실하지 않다. 그리고 시조인 진승의 벼슬이 고려 말 충렬왕 대에 개칭된 국학전주를 칭하고 있는 점도 의문을 가지게 한다. 정구복, 「무안박씨 무의공가의 사회경제적 기반과 소장 고문서의 성격」, 『고문서집성

—— 廷杰 —— 命周 —— 鎭斗 —— 時永 —— 宗秀 —— 晦燦 —— 載祐 —— 禹鍾(系)

九洛(系)

東復

淵大

82 - 영해 무안박씨편(Ⅰ): 무의공(박의장)종택』(한국학중앙연구원, 2005).

2) 한국학중앙연구원, 『節義를 숭상하고 忠情에 뜻을 두다: 무안박씨 무의공 후손가』(『명가의 고문서』 7, 2009), 62~64쪽.

3) 이 가계도는 『무안박씨영해파세보』(영해파세보편찬위원회, 2007)를 참고하여 만들었는데, 본서의 서술에 직접적으로 관련이 없는 가계나 인물의 경우는 많이 생략하였다.

제2장 임진왜란과 무의공 박의장

1. 학문 도야와 출사

무의공 박의장은 어려서부터 영리하고 소탈한 성격이었다. 동생인 홍장과 함께 동네 아이들과 죽마竹馬를 타고 전쟁놀이를 즐겼으며 몸집이 크고 성격이 엄정하였다고 한다. 13세 때부터 부친과 중부 세현世賢의 주선으로 퇴계 이황의 제자인 유일재惟一齋 김언기金彦璣 문하에 나아가 공부를 배웠다. 경서經書와 사서史書를 배움에 있어, 한 번 본 것은 다 외울 정도로 총명하였다고 한다. 그런 가운데 병서兵書도 익히면서 문무를 겸비하고자 노력하였다.

김언기 문하에서 오봉 신지제申之悌, 노천 권태일權泰一과 함께 수학하면서 특히 깊은 친분을 쌓았다. 어느 날 세 사람은 서당에서 쓸 땔감을 구하러 산에 갔다가 마침 나무를 하고 있는 노인을 만나 땔감을 조금 얻으려 하였다. 노인은 떨떠름한 표정을 짓다가 급기야 욕을 하기 시작하였고 마침내 서로 간에 밀고 당기는 다툼으로 번졌다. 다툼의 와중에 균형을 잃은 노인은 그만 언덕으로 굴러떨어져 죽게 되었다. 세 사람은 함께 관가로 가서 서로 자신을 처벌해 달라고 주장하였다. 이 광경을 한참 동안 지켜보던 수령은 노인의 자식에게 "보아하니 이 세 명은 훗날 나라를 위해 큰일을 할 재상감들이니, 네 아비의 죽음은 안타깝지만 한번만 용서하도록 해라"라며 간곡하게 타일러 무사할 수 있었다고 한다. 풀려난 세 사람은 함께 노인의 장례를 정중하게 치러 주었다. 친구의 잘못을 공동으로 책임지려 하였던 세 사람의 신의와 우정을 보여 주는 사례로 전해 오고 있는 이야기이다.

드디어 세상을 구제할 깊은 뜻을 품고 1577년(선조 10) 23세 때 무과에 응시하여 급제하였다. 전대의 사적과 어려운 글의 뜻을 묻는 시험관의 질문에 박의장은 평소 배우고 익힌 대로 막힘없이 정확하게 잘 답변하였다고 한다. 이에 시험관은 '과연 문무를 겸비한 장수의 재목'이라고 하면서 칭찬을 아끼지 않았다고 한다. 무과에 급제한 후에도 이황의 문인인 성재惺齋 금난수琴蘭秀와 교류하면서 유학에 대한 관심을 놓지 않았다.

무과에 급제한 후 권지훈련원봉사權知訓鍊院奉事 즉 훈련원의 임시직에 제수되면서 관직생활을 시작하였다. 그러다가 1587년

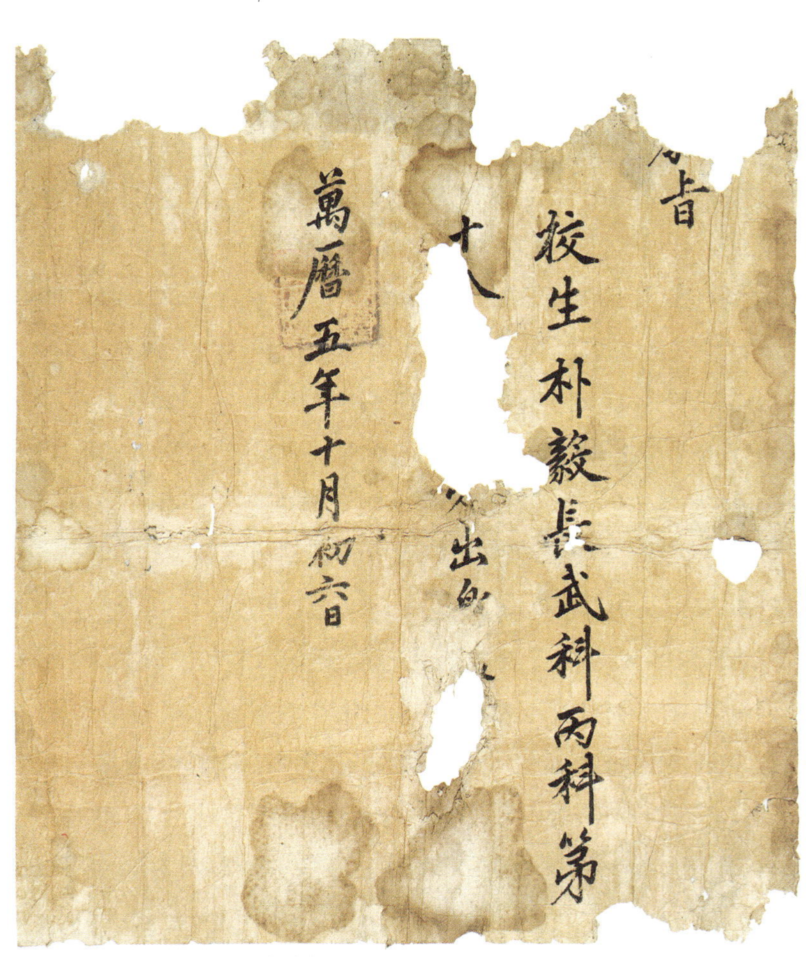

旨

校生朴毅長武科丙科第

十八

出身

萬曆五年十月初六日

박의장 무과급제 교지(무의공종가 제공)

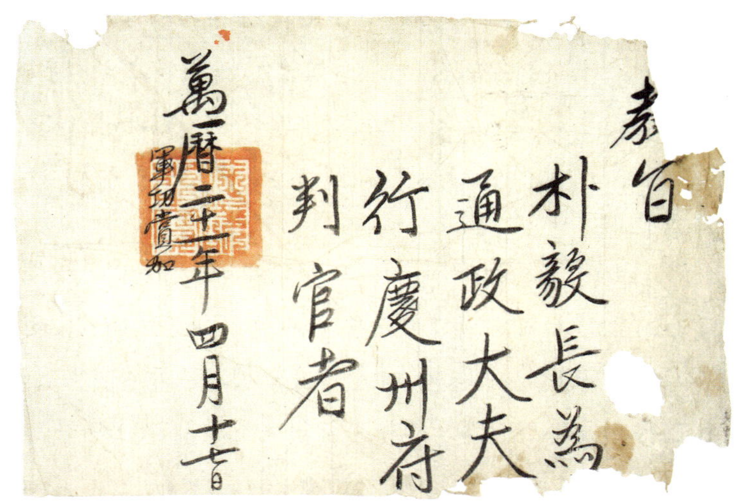

敎旨
朴毅長爲
通政大夫
行慶州府
判官者
萬曆二十一年四月十七日
軍功賞加

경주부판관 임명 교지(무의공종가 제공)

(선조 20) 33세 때 군기시참봉軍器寺參奉에 임명되면서 비로소 실직에 제수되었다. 이듬해인 1588년에는 한 해 동안 군기시의 부봉사副奉事, 봉사奉事, 직장直長, 주부主簿를 거쳐 연말에는 종4품 조봉대부朝奉大夫로서 진해현감에 임명되는 초고속 승진을 하였다. 이는 비록 실직에 임명된 해는 짧았지만 임시직에 있는 기간에도 직급은 계속 높아져 있었기 때문에 가능한 일이었다.

진해현감은 박의장이 처음으로 맡은 수령직이었다. 이제 한 고을을 책임지게 된 것이다. 명령이 엄하고도 분명할 뿐 아니라 일을 판단함에 용단이 있고 공평하여서 백성들이 두려워하면서도 좋아하여 몇 달 이내에 진해 한 고을이 잘 다스려졌다고 한다. 어렸을 때부터 익힌 유학적 소양에 힘입은 바 크다고 생각된다. 한동안 인근의 함안 고을의 수령을 겸한 적이 있었는데, 이때도 산적해 있던 결재 서류들을 민첩하게 처리하여 탄복하지 않는 사람이 없었다고 한다.

1591년(선조 24) 37세 때 경주부판관에 임명되었다. 판관은 큰 규모의 고을에 배치되어 수령을 도와 행정과 군정軍政을 보좌하던 관직이었다. 무재武才가 있던 박의장이 경주의 판관으로 임명된 것은 이듬해 발발한 임진왜란을 염두에 둔다면 가히 하늘이 도운 인사였다고 하지 않을 수 없을 것이다.

2. 영천성과 경주성의 수복

임진왜란은 일본이 계획적으로 도발하여 조선을 침략한 전쟁으로 당시 조선과 일본뿐 아니라 명나라까지 가세함으로써 동아시아의 삼국이 참여한 국제전쟁이 되었다. 그 영향도 만만치 않아 전쟁이 끝난 후 일본은 도요토미 히데요시(豊臣秀吉) 정권이 붕괴되고 도쿠가와 이에야스(德川家康) 정권이 들어서게 되었으며, 명나라도 전쟁의 후유증에 시달리다가 결국 여진족에게 망하게 되었다. 전국이 전장으로 화한 바 있던 조선은 비록 정권이 교체될 지경은 아니었지만 국토가 황폐화되고, 막대한 인적·물적 피해를 입었다.

1591년 11월 도요토미 히데요시는 조선 침략의 전진기지로서 규슈 북단에 나고야(名護屋) 성을 축조하는 한편 바다를 건너기 위한 병선 건조에 힘을 기울였다. 마침내 1592년 4월 나고야 성의 수비병만 남겨둔 채 제1군부터 9군까지의 15만여 명이 차례로 바다를 건너왔다. 고니시 유키나가(小西行長)가 이끄는 제1군이 700여 척의 병선에 나누어 타고 부산에 상륙하였고, 이어 부산성과 동래성을 차례로 함락시켰다. 동래부사 송상현은 군민과 함께 농성하다가 장렬하게 전사하였다. 가토 기요마사(加藤清正)와 나베시마 나오시게(鍋島直茂)의 제2군, 구로다 나가마사(黒田長政)의 제3군도 속속 도착하였다.

100여 년에 걸친 전란 속에서 단련되어 온 일본군의 조직적인 전투법과 철포대의 위력 앞에, 200여 년간의 태평에 익숙해 있던 조선군은 철포의 총성에 놀라고 일본도의 날카로움에 겁을 먹어 계속 패주하였다. 일본군이 부산에 상륙한 지 20여 일 만에 서울이 함락당하였으며, 선조는 의주로 피난을 가서 명나라에 구원을 요청하기에 이르렀다.

서울을 함락시킨 일본군 제2군은 북상하는 제1군과 개성에서 나뉘어 함경도로 북진, 회령에서 임해군과 순화군 등 두 왕자를 포로로 잡았다. 제1군은 평양으로 진격하여 결국 평양성을 함락시켰다. 제3군은 황해도로 북진하였다. 문자 그대로 파죽지세였다. 그러나 일본군의 초전 승리는 평양성을 점령하기까지 2개월간이었고, 이후 난관에 부딪쳐 1598년 11월 조선에서 완전히 철병할 때까지 진퇴양난의 흙탕물 속에서 헤어나지를 못하였다.

명나라에서는 송응창을 요동경략에 임명하여 원군의 총책임자로 삼고, 이여송을 동정제독東征提督에 임명하여 파견군 사령관으로 삼았다. 1592년 12월에 이여송은 4만여 명의 명군을 이끌고 얼어붙은 압록강을 건넜는데, 여기에 8,000여 명의 조선군도 합류하였다. 거기에다가 매서운 겨울 추위도 월동준비를 충분히 하지 못한 일본군을 괴롭혔다.

명과 조선의 연합군은 1593년 1월 드디어 평양을 탈환하고 남진하기 시작하였다. 그러나 벽제관에서 일본에 반격을 받은 이여송은 전의를 상실하고 개성으로 돌아가 버렸다. 사기가 조금 회복되던 일본군은 권율이 수비하는 행주산성을 공격하였다가 처참하게 무너짐으로써 다시 사기가 땅에 떨어졌다. 거기에다가 추운 겨울과 식량 부족으로 곤궁에 처한 일본군은 서울을 방어하는 것조차 곤란하게 되었다. 이에 일본군은 명과의 화의에 나서게 되었다. 명나라 심유경沈惟敬과 일본의 고니시 유키나가 사이에 회담이 진행되는 동안 일본군은 서울에서 철수하여 경상도 연안으로 쫓겨 와서 거점을 마련하고 지구전에 대비하였다. 이것이 임진왜란의 대략이다.

처음 왜군의 주력군이 서울을 향해 급히 북상할 때, 후방의 왜군은 부산에서 서울에 이르는 길을 확보하기 위해 일단 30리마다 하나의 진을 설치하는 거점 단위의 점령을 하였다. 그런 다음

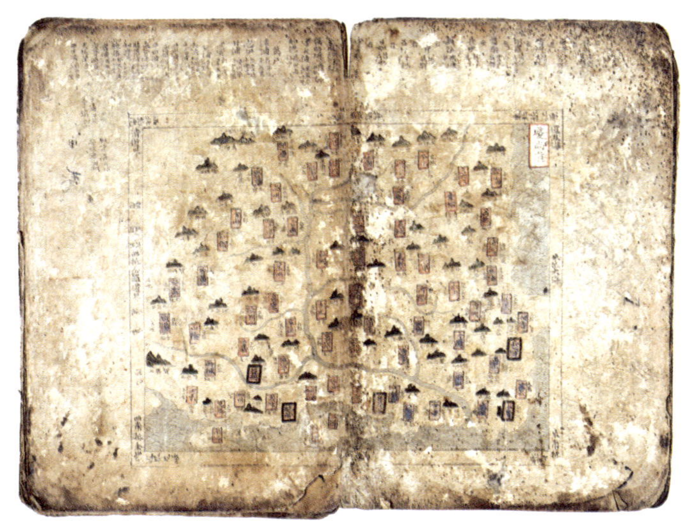

박의장이 사용하던 팔도지도 중 경상도 부분(충효당 소장)

좌우로 흩어져 약탈의 범위를 넓히면서 중심선 주위를 두텁게 확보함으로써 보급로를 보호하려 하였다. 경상좌도의 여러 고을 중 점령당하지 않고 남은 곳은 왜군의 영향권에서 멀리 떨어져 있던 영해 · 용궁 · 예안 등에 불과하였다. 그리고 점령된 고을이라고 하더라도 읍성 주변에서 멀리 떨어진 곳이나 산곡에는 왜병이 미치지 못하였기 때문에 관군이나 의병이 활동할 수 있는 공간들이 있기 마련이었다.

박의장은 1592년 4월 경주판관으로 재임 시에 임진왜란을 맞았다. 경주 소속 군사를 이끌고 병마절도사 이각李珏과 함께 동래성을 구하기 위해 달려갔다. 적의 형세가 너무 어마어마하다는 것을 들은 이각이 퇴각하려 하자 그의 비겁함을 준엄하게 꾸짖은 바 있었다. 박의장이 이각에게 "적을 보지도 않았는데, 왜 물러나십니까?"라고 하자 이각이 노하여 군령을 어긴 죄목으로 다스리려고 하였다. 이에 박의장이 큰소리로 "적을 죽이지 않고 도리어 싸우려는 장수를 죽이려고 하다니, 나라의 중임을 받고 이와 같이 하여서는 아닐 될 것입니다"라고 하였다. 이에 이각이 부끄러워하면서 뉘우치고 술 한 잔을 따라 주며 사과하였다고 한다. 그러나 동래성을 위시한 해변의 여러 성이 차례로 함락을 당하자 어쩔 도리가 없어 다시 군사를 거느리고 경주로 돌아왔다.

하지만 경주의 백성들도 이미 동요하여 흩어지고 있었을 뿐만 아니라 경주부윤 윤인함도 적극적인 방어를 포기하고 있는 상태였다. 이에 박의장은 장기현감 이수일과 함께 수하 군사들을 적절히 배치하여 경주성을 지키고자 하였다. 전방에서 적세를 정탐하는 자들도 모두 달아나 버렸기 때문에 적병이 고을 경계까지 침범한 사실도 성안에서는 모르고 있었다. 갑자기 성 밖에서 포성이 들려오면서 적의 선봉이 다다른 것을 본 군사들이 밧줄을 타고 성 밖으로 달아났다. 박의장이 이수일과 더불어 얼마 안 되는 군사를 이끌고 성문을 열고 나가서 싸우고자 하였으나 중과부적으로 곧 와해되고 말았다. 도저히 어떻게 해 볼 도리가 없게 되었던 것이다.

할 수 없이 경주성 방어를 작전상 포기하고 경주부윤이 머물고 있는 곳으로 가서 후일을 도모하고자 하였다. 그때 주변의 어떤 이가 말하기를 "지금 성을 지키지 못하고 수하에 병졸도 없으니 마땅히 임금이 머물고 있는 행재소로 달려가 스스로 충성을 다해야 한다"라고 하였다. 이에 박의장은 "임금이 맡긴 고을을 지키는 자는 마땅히 그 고을에서 죽어야 한다. 행재소로 달려가는 것은 의리에 옳지 못하니 흩어져 없어진 장병들을 수합하여 뒷날을 도모하는 것만 못하다"라고 하면서 드디어 남은 군사들을 이끌고 경주 인근의 죽장현에 입거하였다. 여기에 임시 거점을 마련한 후 흩어져 있던 관군과 숨어 있던 백성들을 불러 모았다. 대장간도 설치하여 화살과 같은 무기를 만들어서 나누어 가졌다.

흩어져 있던 관군과 백성들을 수습한 박의장은 6월 궁수를 이끌고 초제草堤에서 왜군과 싸워 크게 물리쳤다. 이어 7월 초에는 영천 탈환전에 앞서 자인에 있던 왜적을 격퇴하여 경산과 청도를 오가던 왜적의 통로를 끊었다. 7월 26일 드디어 영천성 탈환전이 시작되었다. 이때 영천성은 밀고 들어오는 수만의 왜군에 의해 변변한 저항 한번 하지 못하고 왜군이 상륙한 지 7일 만에 함락된 상태였었다. 왜군의 주력부대는 곧장 서울을 향해 북상하였고, 일부 주둔군만이 영천성에 남아 있었다. 낮에는 사방으로 나가서 노략질을 하고 밤에는 굳게 성문을 닫고 웅거하고 있었다.

박의장은 영천 의병장 정세아와 신령 의병장 권응수 등이 관군과 연합하여 영천성을 공격할 때 성문 하나를 맡아 힘을 보태었다. 조선군 총병력은 3,560여 명이었다. 엄정하게 군기도 다잡았다. 먼저 결사대 500명이 남천으로 돌격하였다. 왜군 1,000여 명이 성 위에 올라와 의병군을 향해 조총을 비 오듯 쏘아 댔다. 의병들은 긴 사다리와 방패를 가지고 돌격 태세를 갖추었고, 왜군은 성문을 열고 모두 나와 역습을 시작하였다. 권응수는 결사대를 이끌고 왜군의 중앙을 돌격하여 단번에 왜적 일곱 명의 머리를 베어 버렸으며, 다시 토산土山 위로 돌아와서는 활로 왜적 수십 명을 쏘아 죽였다. 치열한 격전 끝에 사기를 잃은 왜군은 성 안으로 철수하였다.

날이 어두워지자 연합군은 부대의 편제를 크게 두 개로 나누어 대오를 새롭게 정비하였다. 박의장·권응수 등은 영천성의 서북방을 담당하고, 정세아·정대임·김윤국 등은 동남방을 담당하는 것이었다. 마침내 27일 새벽, 결전의 날을 맞았다. 의병들을 배불리 먹이고 북을 울려 군사를 집합시켜 총점검을 마쳤다. 공격이 시작되었다. 동남쪽을 맡은 영천 의병들이 먼저 남문을 집중 공략하였다. 서북쪽을 담당하였던 박의장·권응수의 부대도 동시에 공격을 시작하였다. 읍성을 에워싼 수천 명의 관군과 의병들은 몇 차례에 걸친 진퇴 끝에 성문을 파괴하고 소리를 지

영천 명원루

르면서 거센 파도와 같이 성안으로 밀고 들어갔다.

이렇게 사방에서 의병과 관군의 연합군이 진격해 들어가자 천지가 진동하였다. 왜군은 완전히 전의를 상실하였다. 백병전이 전개되어 왜군 수백 명을 참살하였다. 왜군은 관사 안이나 창고 안에 숨기도 하였고, 지붕 위에 올라가 발악하기도 하였다. 마침 바람이 크게 불었다. 의병들은 미리 준비해 두었던 나무에 불을 질렀고 순식간에 화염이 충천하였다. 이 사이에 포로가 되었던 조선인들이 앞을 다투어 도망쳐 나왔다. 이 와중에 영천성 내의 관아와 객사를 비롯하여 명원루와 창고 등 거의 모든 건물이 불에 탔다.

치열한 공략으로 왜군은 갈 곳을 알지 못하고 서로 밟혀 죽은 자와 불에 타 죽은 자가 이루 말할 수 없었다. 1,000여 명에 달하였던 왜군 중 살아서 도망간 자는 수십 명에 지나지 않았다. 말 200필과 총검류 900여 자루도 노획하였다. 포로가 되어 잡혀 있던 조선인 1,000여 명도 구출하였다. 아군의 피해도 적지 않아 전사자가 83명, 부상자가 238명에 달하였다.

영천성의 수복은 각지의 의병들과 관군들이 연합하여 얻은 값진 대승리였다. 하나의 목표를 위해 개별 행동을 버리고 일사불란한 지휘 통제에 따라 행동하였기 때문이다. 특히 전투 현장에서 직접 지휘한 박의장과 권응수의 경우 무관 출신으로서 군사 지휘 경험이 많았던 점이 유리한 요인으로 작용하였다. 영천성

박의장이 사용한 장도로, 왜군으로부터 노획한 것으로 추정. 길이 260cm(무의공종가 제공)

수복으로 왜군 침략로의 한 방면을 봉쇄하였을 뿐 아니라 왜군 보급로에 막대한 지장을 초래하는 효과가 있었다. 군위와 의성에 주둔하였던 왜군들도 견디지 못하고 지레 물러가지 않을 수 없었다. 그리고 이어 경주에 모인 적을 칠 수 있는 발판을 확보한 셈이었다. 왜군에 대한 반격전의 신호탄이었다.

영천의 수복으로 자신감을 얻은 조선군은 경주성 탈환작전에 돌입하였다. 만약 영천성에 이어 경주성마저 수복할 수 있다면 왜적의 통로를 차단할 수 있는 거점을 마련하는 셈이어서, 장차 경상좌도 방면을 온전히 회복할 수 있는 기틀을 마련하는 의미가 있었다. 이에 앞서 박의장은 다시 자인으로 가서 왜적을 소탕하여 경산과 청도를 오고 가는 왜적의 통로를 끊었다.

경상좌병사 박진은 영천성 탈환에 크게 자극을 받은 듯 경주성 탈환전에는 주도적으로 나섰다. 8월 21일 1차 경주성 탈환작전은 열한 개 군현 약 3만 7,000여 명에 달하는 관군과 의병이 연합하여 참가하였다. 경주성 수복전은 8월 21일 새벽부터 시작되었다. 총대장인 박진은 공을 앞세워 치밀한 작전도 없이 서둘러 공격 명령을 내렸다. 관군과 의병은 경주성을 동서북 삼면에서 포위하고 진격하였다. 성안에는 영천성전투 이후 주변에 흩어져 있던 왜군이 합세하여 총 1만여 명이 웅거하고 있었다.

영천성 수복에 고무된 군사들은 경주성을 포위하고 총공격을 하였다. 서문 쪽을 맡은 영천 의병들이 먼저 공격해 들어가자

놀란 적은 동문을 열고 도망치기 시작하여 복성에 성공하는 듯이 보이기도 하였다. 그러나 언양으로부터 와서 근처에 매복하고 있던 왜의 지원군이 들이닥쳤다. 배후를 공격당한 조선군이 포위되어 도리어 협공을 당하는 처지가 되었다. 사실 왜군은 조선군의 읍성 탈환계획을 감지하고 있었다. 그래서 언양에 있던 대병력이 백율산향교 근처에 흩어져 주둔하고 있었고, 또 다른 한 부대는 모량역 근처에 대기하고 있었다. 이를 조선군 쪽에서는 전혀 모르고 있었던 것이다.

치열한 혼전 속에서 조선군이 밀리기 시작하였다. 그 사이 경주판관 박의장은 어깨에 부상을 입었고, 영천 의병장 권응수는 말에서 떨어져 낙상하였다. 이 전투에서 조선군은 왜적을 1,000여 명 가까이 사살하였다. 그러나 더 이상 버티기가 어려워 홍해와 영일 군수가 이끄는 관군이 먼저 도망쳤고, 경상좌병사의 군사도 버티지 못하여 안강 북쪽으로 달아나기 시작하였다. 특히 서문 쪽에 배치되어 끝까지 항전하던 영천 · 경주 · 영일 · 울산 지역의 의병 쪽에서 희생이 컸다. 영천 의병장 정세아의 아들 정세번은 아버지를 구하고 장렬하게 전사하였다. 이 제1차 경주성 전투에서 무려 2,000여 명에 달하는 조선군이 전사하였다. 경주 서천의 물이 피로 붉게 변하였다고 한다.

1차 전투에서 경주성 탈환에 실패한 조선군은 대규모로 공격하던 작전을 바꾸어 소규모 군사로 자주 공략하는 방법을 채택

경주성 동쪽 성벽

하였다. 안강에 주둔한 좌병사 박진은 흩어진 군사를 수합한 다음 박의장으로 하여금 군사를 거느리고 낮에는 성 밑으로 달려가 돌격하여 위엄을 보이고 밤에는 산 위에다 횃불을 벌여서 포를 쏘아 놀라게 하도록 하였다.

드디어 9월 7일과 8일에 걸친 2차 경주성 탈환작전이 시작되었다. 이 작전은 경주판관 박의장의 지휘 아래 이루어졌다. 박의장은 관군과 의병군을 통합 지휘하여 경주성에 주둔하고 있던

5,000여 명의 왜군을 격퇴하였다. 결사대와 치중대, 향병부대로 조직하고 유격전법을 사용하여 대승을 거둘 수 있었다.

특히 군기시軍器寺 화포장火砲匠인 경주 출신 이장손李長孫에게 신무기인 비격진천뢰飛擊震天雷를 만들게 하여 탈환작전에 사용하였다. 비격진천뢰는 마름쇠와 철편 등을 인화 장치와 함께 하나의 원구를 만들어 대완구에 실어서 발사하면 500~600보를 날아서 땅에 떨어진 지 한참 있다가 그 속에서 불이 일어나 폭발하는 신무기였다. 경주성 안으로 날아든 이것을 처음 본 왜병들이 둘러서서 구경하다가 많이 살상되었다.

비격진천뢰

신무기를 앞세운 조선군의 집요한 공격에도 불구하고 왜군의 방어전도 만만치 않아 전투는 오랫동안 계속되었다. 총공세를 펼치는 조선군에 밀린 왜병들은 드디어 4만 석에 달하는 식량을 남겨 둔 채 서생포와 부산으로 도주하였다. 이에 경주성은 의병과 관군에 의해 수복되었다. 왜군에게 함몰된 지 100여 일 만의 일이었다.

『관감록』의 「연보」에는 경주 복성전이 있던 날의 상황을 다음과 같이 전하고 있다.

> 9월 7일, 밤에 비격진천포를 쏘아 터뜨려서 경주를 수복하였다. 왜적들이 더욱 기세등등하여 침탈을 자행하는데도 박진은 안강으로 퇴각하여 다시 진격할 뜻이 없는지라 부군(박의장을 가리킴)이 거느리고 있는 장수와 군사들을 훈련시키고 전투 기계들을 설비하였는데, 마침내 비격진천포를 제조하였다. 밤을 틈타 성벽 가까이 다가가서 비격진천포를 발사하니, 그 포가 땅에 떨어지는데 유성과 같은 빛을 발산하였다. 왜적들이 이상하게 여기면서 모여들어 구경을 하였는데, 서로 밀어 보고 굴려 보는 중에 잠시 후 포탄이 파열되면서 불꽃이 발사되니 그 소리가 천지를 진동시켰으며, 그 파편에 맞아 쓰러져 죽은 자는 이루 다 헤아릴 수가 없을 정도였다. 왜적들이 놀라고 겁에 질려 혼백이 달아났으며, 다음 날 밤 이경에 부산을 향해 도망쳐 갔다. 부군이 추격하여 적의 머리 30여 급을 벤 다음 이른 아침에 곧바로 되돌아와 성에 들어가서 곡식 4만여 석을 획득하였다. 그리고는 마침내 시체를 묻고 창고를 정리한 뒤 백성

경주부 지도, 1798년(국립문화재연구소 소장)

들을 불러 모아 진휼하니, 흩어졌던 군사와 부상자들이 날마다 1,000여 명씩 모여들었다. 이로부터 군사들의 성세가 크게 진작되었다.[1]

경주성의 수복은 영천성의 수복과 더불어 임진왜란사에서 큰 의미를 갖는 일대 쾌거였다. 경주는 그 자체로 거진巨鎭이 설치된 요충지였을 뿐 아니라 경상도의 동북부지역을 온전하게 확보할 수 있는 요지였기 때문이다. 더구나 왜군의 보급로와 통신망을 차단하게 되어 왜군에게 막대한 차질을 안겨 주었다. 당시 조선 조정에서는 경주성 수복의 공을 이순신의 공과 다를 바 없는 것으로 평가하였으며, 비로소 경상좌도에 생기가 돌기 시작하였다고 하며 크게 고무되었다. 결과적으로 조선이 임진왜란을 극복할 수 있는 하나의 요인으로 작용하였다. 영천성과 경주성의 탈환은 임진왜란사에 길이 남을 전투라고 하지 않을 수 없다. 박의장은 이 역사적인 쾌거의 중심에 있었던 것이다.

3. 임진왜란의 마무리

1593년 3월에 박의장은 군사 300여 명을 거느리고 대구 파잠巴쏙(오늘날 파동으로 추정)에서 왜적 2,000여 명과 맞서 수십 명의 목을 베고 수백 필의 말을 빼앗는 등 큰 전공을 세웠다. 이때 왜적은 한성에서 철수하여 남해안 일대에 왜성을 쌓고 주둔하면서 화의를 진행하는 한편 인근지역을 공략하고 있었다. 왜적은 경주 인근으로 통하는 길이 막히자 밀양, 청도를 통하여 대구로 왕래하고 있었는데, 이를 차단하기 위해 박의장이 파잠에 매복해 있다가 팔조령을 넘어 대구로 들어오는 왜군을 크게 격퇴한 것이었다. 이어 15리나 추격하여 왜군의 혼을 빼놓았다.

5월에는 울산군수 김태허金太虛와 함께 울산의 적을 쳐서 50

여 명을 베는 전과를 올렸다. 박의장의 연이은 승전이 조정에 보고되자 비변사에서는 근래 군공을 세운 자는 박의장밖에 없다고 하면서 파격적으로 포상할 것을 청하기도 하였다. 사실 이즈음에는 명과 일본 사이에 강화 담판이 이루어져 명군은 물론 조선군에게도 퇴각하는 일본군을 공격하지 말라는 명령이 내려져 실제로 경기도지역에서는 관군의 작전이 중지된 상황이었다. 그러나 아직 경상도지역에는 명군이 진주하지 않았고, 강화회담의 결과가 알려지지 않고 있었던 듯하다. 어쨌든 강화회담을 반대하던 국왕에게 박의장의 파잠전투 승리 소식은 대단히 반가운 것이었다. 이에 박의장은 통정대부에 올라 당상관으로 특진되면서 경주부윤으로 승진하게 되었다. 그의 나이 39세 때의 일이다.

박의장에게 내린 국왕의 명령서통(무의공종가 제공)

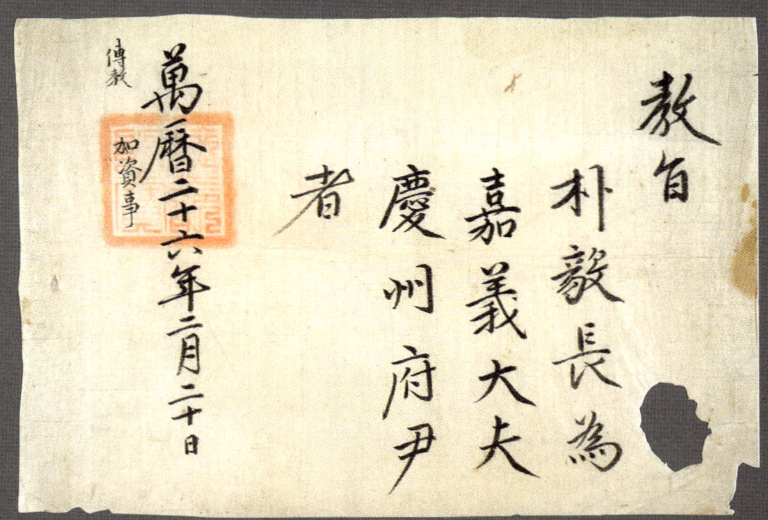

教旨
朴毅長爲
嘉義大夫
慶州府尹
者
萬曆二十六年二月二十日
加資事
傳敎

경주부윤 임명 교지(무의공종가 제공)

박의장이 당상관 시절 착용한 금대(무의공종가 제공)

이즈음 박의장은 임란 초기에 귀순한 왜군 장수 김충선金忠善에게 사람을 보내어 조총 기술을 전수받은 듯하다. 김충선은 본명이 사야가沙也加로 가토 기요마사의 선봉장으로 참전하였다가 전쟁에 대한 회의와 조선의 문물에 감화되어 경상좌병사 박진에게 귀순하였던 인물이다. 전쟁 중에 수많은 전공을 세워 선조로부터 김해김씨를 사성받기도 하였다. 박의장이 바로 그 김충선에게 편지를 보내어 조총 만드는 기술을 문의하였던 듯, 김충선이 박의장에게 보낸 답신이 김충선의 문집인 『모하당집慕夏堂集』에 실려 있다. 여기에는 다음과 같이 조총 기술자를 박의장에게 파견해 주는 대목이 나온다.

> 욕되게 내려 주신 서찰을 받잡고 삼가 살피건대 진중에서의 체후體候가 신명께서 도우셔서 만 가지로 진중珍重하시니, 얼마나 경하스러운지 모르겠습니다. 그런데 성상(선조를 가리킴)께서 박천에 머무시는 일은 실로 신민들이 뼛속까지 한없이 아파하는 점입니다. 삼가 생각건대 나라를 걱정하시는 마음에는 틀림없이 '혹열酷熱하게 고생하신다'는 탄식이 있을 것입니다. 심히 탄식스러움을 어찌 말할 수 있겠습니까. 소장은 한결같이 종전과 같으니 이는 저의 사사로운 다행입니다만, 왜적의 형세는 조금도 꺾임이 없으니 어떻게 하면 저 오랑캐들을 섬멸하고 군부의 원수를 갚을 수 있겠습니까? 밤낮으로 바

라보는 바는 오직 명공(박의장을 가리킴)의 지휘와 방략이 어떠하냐는 것일 뿐입니다. 조총의 주조와 화약의 제조는 원래 소장이 잘 아는 일이옵니다. 동래의 전투 이후 삼가 보건대 조선군의 병기 가운데 정묘한 것이 한 가지도 없었으므로 처음에는 진중에서 가르쳤으나 지금은 두루 가르치고자 하는 참이었습니다. 그런데 마침 또 지시하시는 말씀이 있었으므로 진하장陣下將 김계수金繼守를 말씀하신 대로 올려 보내옵니다. 삼가 바라건대 조총과 화약을 많이 제조하시어 왜적을 깨뜨리는 계책으로 삼으소서. 그리하신다면 어찌 국가의 큰 다행이 아니겠습니까. 오직 바라건대 한결같이 이 사람의 지도를 따르신다면, 그 묘법을 얻으실 수 있을 것입니다.[2]

박의장이 실제 조총 기술자 김계수로부터 조총 만드는 기술을 전수받았는지는 더 이상의 자료가 없기 때문에 확언할 수는 없다. 그러나 이후 전투에서 박의장 부대가 조총을 사용하는 것으로 미루어 볼 때 사실로 볼 수 있겠다.

6월 박의장은 뛰어난 관병 100명을 선발하여 양산군 사화령에 매복시켜 놓았다가 들어오는 왜군 200명을 맞이하여 길 양쪽에서 활과 총을 난사하여 53명을 죽이는 전과를 올렸다. 이와 같이 박의장은 소규모의 병력으로 보다 많은 왜군을 매복과 급습을 통한 유격전으로 격퇴하면서 심대한 타격을 주었다. 지형을 잘 이용한 탁월한 전술 덕분이었다. 이에 조정에서도 부산성 공격 계획에 있어 군사를 조발하고 군량을 공급하는 최적임자로 경주부윤 박의장을 꼽을 정도로 그의 능력을 높이 평가하고 있었다. 박의장이 경주를 굳건히 지키면서 그곳을 거점으로 하여 주변의 왜적을 계속 물리침에 따라 경주 인근의 도로망이 점차 개통되었고, 나아가 경상좌도 전체가 회복되는 계기를 마련하였던 것이다.

8월에는 왜병이 안강安康에 주둔한 명군의 진영을 급습해 200명을 죽이자 병사 고언백高彦伯과 함께 적을 추격해 무찔렀다. 9월에는 가장 힘써 싸워 계속 승전보를 올리는 데 대한 표창으로 옷 한 벌을 하사받았다. 11월의 백부상에 이어 12월에는 부친상을 당하였으나 전란 중이라 임종도 하지 못하였다.

1594년 2월 양산에 주둔하고 있던 왜적이 경주의 남쪽으로 쳐들어오자 군사를 거느리고 가서 돌격전을 펴서 격퇴하였다. 3월에 기장機張 임랑포林浪浦에 있던 왜적 1,000명과 싸워 조선인 포로 377명을 구해 냈다. 5월에 또 기장의 왜적이 경주 남쪽 묵장촌을 침범하여 노략질을 하자 이를 물리쳤으며, 7월에는 경주의 동쪽으로 침범한 왜적을 매복하였다가 쳐서 물리쳤다. 1595년 10월에 경주를 굳건하게 지킨 공으로 종2품 가선대부로 승직하였다.

1597년 정유재란으로 왜군이 재침을 하자 8월에 화왕산성으로 가서 곽재우와 만나 방어책을 논의하였으며, 경주로 침범하는 적을 곳곳에서 막아 길을 끊었다. 9월에는 팔공산성에 들어가서 경상도관찰사를 위시하여 인근 군현의 수령들과 함께 산성을 지켰으나, 관찰사가 중론을 무시하고 홀로 나아가 왜적과 싸우다가 패전함으로써 뿔뿔이 흩어지게 되었다. 경주 관군을 이끌고 9월 말에 영천 창암에서 적을 만나 크게 물리쳤으며, 10월에는 안강에서 크게 싸워 물리쳤다. 이로써 왜적은 기세가 크게 꺾여 울산으로 내려가 웅거할 수밖에 없었다.

11월에는 명나라 총병 이여매의 영에 배속되어 1,000명의 병사를 거느리고 명군 5만 명의 뒷바라지를 했다. 같은 달에 울산군수 김태허와 함께 마등오에 주둔하고 있다가 급습해 오는 왜군에 맞서 일곱 명을 직접 참획하는 전공을 올리면서 왜의 선봉을 격퇴하였다. 12월에 조명연합군의 일원으로 울산 도산성島山城전투에 참여하였다. 울산에 도산성(울산왜성)을 쌓고 있는 가토 기요마사 군을 치기 위한 전투가 1597년 12월 22일부터 1598년 1월 4일까지 명 제독 마귀麻貴의 총지휘 아래 계속되었다. 수일간에 걸친 포위 공격에도 결국 도산성을 함락시키지 못하였고, 왜의 구원군이 도착함으로써 경주로 다시 퇴각하게 되었다.

이때 추격해 오는 왜적을 격퇴하기 위해 경주 토병들을 급히 보내 적의 퇴로를 차단한 다음 세 번 싸워 세 번 모두 이겼다고 한다. 하지만 도산성 공방전 때 경주의 장졸들이 많이 희생되었기 때문에 다음과 같은 제문을 지어 그들의 영전에 바치기도 하였다.

> 슬프다! 너희 사졸들아. 몸은 죽었을지나 영혼만은 있을지라. 너희들은 영특하니 영혼도 밝으리라. 나의 말을 들어 보라, 나의 말은 슬프구나. 군사를 훈련한 지 이제까지 7년이라. 내가 너희 장수되어 군은 언약 서로 맺어, 살아도 같이 살고 죽어도 같이 죽기. 나의 옷을 네가 입고 너의 밥을 내가 먹고, 한 집에서 잠을 자고 활을 쏘며 술을 나눠. 부윤은 누구이며 백성은 뉘렀더냐, 장수는 누구이며 졸병은 뉘렀더냐. 먹은 마음 같았으니 골육과 다를쏘냐.…… 같이 살자 맹세한 일 내 어찌 홀로 살며, 함께 죽자 맹세한 일 너만 어이 죽었느냐. 군사를 잃다 할까 아버지가 자식 잃듯. 병졸을 잃다 할까 형으로서 아우 잃듯. 내 살을 베어 낸들 이 슬픔 더할쏜가. 목 놓아 울다 못해 혼을 불러 제사하니, 이 뜻을 너가 알면 너희들도 슬퍼하리. 죽어서도 충귀忠鬼되니 너희 직분 다하였고, 국은國恩만은 내가 받아 부끄럽기 그지없다. 한 장수 얻는 명예 몇 군사가 죽어 간고. 비바람 뿌린 벌판 묻어 주기 다 못하니, 죽어서 그만이나 살아 슬픔 어이하리.…… 술 한 잔씩 권하노니 두 눈에 눈물이라. 봄빛이 돌아와서 실버들 드리우니, 철은 옛과 같건마는 인사人事 어이 다름인고. 슬픔이 더할세라 할 말도 다 못한다. 나

의 정성 알아주어 다들 모여 흠향하라.[3]

이렇게 박의장은 정유재란이 일어난 이후 수차에 걸친 크고 작은 전투에 참여하여 전공을 세웠다. 그러나 경상좌병사 성윤문은 휘하의 박의장 군의 전공을 제대로 조정에 보고하지 않고 축소하거나 왜곡 보고한 듯하다. 이에 박의장 군 내부는 상당히 동요하면서 급기야 휘하 29명의 지휘관들이 연명으로 군공청에 직접 서계하려는 움직임이 있었으며, 결국 한두 명의 지휘관이 군공청에 소장을 제출하는 사태가 빚어지기도 하였다.

하지만 승정원에서는 박의장의 전공에 대해 모든 사람이 안다고 할 정도로 그 공로를 높이 평가하고 있었다. 또한 승정원은 선조에게 아뢰어 박의장은 군공을 다른 장수들과 달리 기만적으로 보고하지 않았으니 달리 취급해 줄 것을 주장하기도 하였다. 이에 박의장은 1598년 5월에 전마 1필을 하사받았다. 이는 경주에 주둔한 명군의 군량 지원을 위해 700섬의 곡식을 내놓은 데 대한 포상이었다. 이 700섬의 군량은 박의장이 숙부인 세순에게 부탁하여 흔쾌히 지원받은 것이었다. 이때 박의장은 이미 재상의 반열에 있었기 때문에 더 이상의 승진을 계속 시키기가 어려워 다른 방법으로 포상한 것이었다. 그러나 박의장의 휘하에 있던 장수들에 대해서는 아무런 포상이 이루어지지 않았다.

이런 상태에서 1598년 8월부터 시작된 조명연합군의 총공세에 밀린 왜군은 패퇴를 거듭하다가 도망감으로써 11월 임진왜란은 완전히 마무리되었다. 임진왜란이 끝난 후 북인이 주도하는 정국 상황에서 박의장은 본인을 비롯한 휘하 장수들에 대한 각박한 논공행상을 편치 않은 심정으로 지켜보아야 하였다. 그는 전란의 유공자로 송언신, 고경명 등 30여 명과 함께 선무공신의 대상으로 언급되었으나, 결국은 무장에 대한 평가 문제와 당색에 따른 입장 차이로 정공신 18명에는 들지 못하고 원종공신 1등에 녹훈되었다. 선무원종공신은 모두 9,060명을 녹훈하였는데, 1등은 박의장을 비롯하여 류성룡 · 곽재우 · 정인홍 · 이항복 · 이원익 · 신흠 등 564명이었다.

그는 이어 열린 공신회맹연에 신병을 이유로 참석하지 못하였는데, 이는 서애 류성룡의 행보와 궤를 같이하는 것이었다. 박의장의 이러한 대응은 집권세력인 북인의 견제를 받게 되었다. 연회의 불참은 조정에 대한 불만 표출로 간주되었는데, 한때 삭탈되는 모함을 받은 것과 영해부사 박이장朴而章으로부터 임란 당시 축재를 빌미로 탄핵을 받은 것도 그러한 맥락에서 나온 것이었다. 북인이 편찬한 『선조실록』에 특히 그의 재산 형성 과정과 관련하여 부정적인 서술이 가혹할 정도로 가해진 것도 당파의 상이에서 비롯되었다고 생각하지 않을 수 없는 면이 있다.

어쨌든 북인의 견제를 받으면서 박의장의 관직생활도 크게 뻗어나지 못한 아쉬운 면이 있다. 그는 1599년 성주목사 겸 방어사, 1600년 경상좌도병마절도사를 지냈다. 병으로 고생하다가 1608년 경상좌도병마절도사로 복귀하였고, 1611년 인동부사를 거쳐 다시 경상좌도병마절도사 및 공홍도수군절도사公洪道水軍節度使를 지냈다. 1615년(광해군 7) 경상좌도수군절도사를 마지막으로 관아에서 순직하였다.

전쟁에 나가서 왜적을 물리치는 싸움만 잘하였더라도 장수로서 충분한 본분을 하였다고 할 수 있다. 그러나 그는 여기에 그치지 않고 주변 사람들로부터 존경을 받을 만한 인격을 갖추었고, 또 실제 모범을 보였다. 자신과 자신의 가족에게 더 엄격한 잣대를 적용하는 선비의 풍도가 있었던 것이다. 사실은 그런 점이 바탕이 되어 사람들의 마음을 움직여 일치된 힘을 이끌어 낼 수 있었고, 단결하여 무패의 신화를 이어갈 수 있었을 것으로 생각한다.

박의장은 수많은 전투에 참여하여 공을 세웠으나 자신의 입으로 그 공을 말하지 않았으며, 상부에 보고를 올릴 때도 적을 무찌른 숫자에 하나도 속임이 없었다고 한다. 활과 돌이 날아다니던 진중에 같이 있던 맏아들 유가 혹 군공에 참여하려고 하면 단호하게 막으면서 말하기를 "지금 백성들이 시체가 구렁을 매우는 이때를 당하여, 너는 애비를 의지하여 굶어죽음을 면한 것만도 오히려 다행이다. 어찌 감히 조그마한 공로로써 법도를 어기면서 이익을 구하려 하느냐"라고 하면서 끝내 허락하지 않았다고 한다. 그리고 막내아들 서자 무가 성장함에 따라 장차 군에 뽑힐까 염려한 가족들이 납속을 써서 군의 면제를 받고자 하였다. 이때도 박의장은 "군에 가는 것이 자신의 직분이다"라고 하면서 기어이 막내아들을 종군케 하였다. 이러한 일들은 보통 사람들이 다 할 수 있는 것이 아니었다.

4. 신망의 목민관

박의장은 전란 중 경주판관으로 2년, 이어 경주부윤으로 7년, 도합 9년을 경주의 목민관으로 재임하였다. 그는 전투가 있을 때마다 군사를 이끌고 전장에 나가 싸우는 장수였지만, 돌아와서는 경주의 행정 전반을 책임져야 하는 수령이었다. 그는 임진왜란 내내 경주를 책임진 수령으로서 미더운 목민관이었다. 조선 후기의 학자 다산茶山 정약용丁若鏞은 명저인 『목민심서牧民心書』에서 "군자의 학문은 자신의 수양이 반이고, 목민이 반이다"라고 설파한 바 있다. 목민의 중요성을 수기와 함께 강조한 것이다. 사실 수기가 제대로 되지 않은 목민관은 수령직을 일신영달의 수단으로 삼아 백성의 고혈을 짜내기 마련임을 경계한 것이리라. 그런 관점에서 볼 때 박의장은 참으로 수기에 바탕한 목민관으로서 진정한 군자였다고 할 수 있다.

경주는 왜란 초기에 적의 수중에 넘어갔다가 격렬한 전투 끝에 다시 탈환한 지역이었다. 수복한 직후 경주의 상황은 처참하기 짝이 없었다. 흩어진 백성들은 돌아오지 않았고, 많은 성내의 시설물들은 전투 중에 파괴되었다. 거리마다 밥 짓는 연기가 없고, 개와 닭소리가 들리지 않는다고 하였다. 백성들을 다시 모으고, 시설물이나 집을 정비하는 것은 모두 수령인 박의장의 몫이었다. 다행히 도망간 왜적이 미처 가져가지 못한 4만 섬의 곡식을 거두어 군량으로 쓰는 한편 굶주린 백성들에게 나누어 주면서 겨우 수습하기에 이르렀다.

경주는 경상좌도의 근본이 되는 거읍이었고, 전략상으로도 적과 마주하고 있는 최일선의 거점지역이었다. 그러니 자연 경주에 주둔하는 군대가 많을 수밖에 없었다. 조선군도 있었고, 명의 구원병도 있었다. 그 와중에서 경주의 관민이 감당하고 겪어야 하는 고통이 한두 가지가 아니었다. 장수들을 접대하는 일, 군병들이 소란을 피우는 일, 중국 사신의 왕래하는 일, 명 구원병에 대한 뒤치다꺼리, 군량 운반과 말먹이를 조달하는 일, 교량을 놓고 인부와 말을 내는 일, 향도와 파발을 세우는 일 등이 경주 관민이 감당해야 하는 대표적인 일들이었다.

특히 임진왜란이 일어난 이듬해 동남해안으로 퇴각한 왜군을 좇아 명의 대부대가 경주에 주둔하게 되었으며, 나중에 정유재란이 일어났을 때도 명의 대부대가 경주에 주둔하였다. 그들에 대한 공궤는 경주부윤이 감당하여야 하는 일이었다. 비록 장계를 올려 경주부의 어려움을 호소하면서 체직시켜 줄 것을 건의하기도 하였지만, 어려운 여건 속에서도 박의장은 비교적 업무를 잘 처리한 듯하다. 그리하여 부친상을 당하여 상중에 있는 그를 경주부민 300여 명이 연명으로 관찰사에게 호소하여 하루 빨리 경주로 복귀시켜 줄 것을 청하는 진정서를 올리기도 하였다. 이때 경주 백성들은 그의 행정 능력을 다음과 같이 칭송하였다.

> 부윤은 판관 때부터 백성에 대한 자비심이 많아 은혜가 민간에 흡족하고 덕택이 후세에 미친 바 있었습니다. 지금은 극도로 허물어진 고을이 되었고 또 명나라 구원병이 오래 주둔하여서 사무는 번거롭고 부역은 수없이 많아졌습니다. 오직 우리 부윤님은 모든 일에 처리를 잘하고 백성을 부리되 질서가 있고 재물을 쓰는 데 절도가 있어서 그 많은 공급을 한 번도 떨어지게 한 적이 없었고, 그 복잡한 사무를 일제히 정돈하여 명나라 장병들도 기뻐하였습니다. 활 쏘는 궁수들을 소집하여서 죽음을 무릅쓰고 적을 쳤으며 계획은 신과 같고 매일같이 적병을 잡아 나라에 바치었으니 옛날에도 드문 어진 관리요, 훌륭한 장군입니다. 고을 백성들이 부모와 같이 쳐다보고 간성

干城과 같이 의지하여 지금에까지 이르렀습니다.[4]

물론 상투적인 표현 속에 약간의 과장이 섞여 있을 수도 있지만 그가 백성들에게 어떻게 비치었는가를 잘 나타내 준다. 이에 힘입어 관찰사도 경주부민들의 건의를 첨부하여 경주의 관청 일이나 민정을 수습할 이는 박의장뿐이라고 하면서 그의 복귀를 강력하게 청하였던 것이다.

신(경상도관찰사를 가리킴)이 경주 가까운 곳에 주재하여 있기 때문에 경주의 사정을 듣고 있사옵니다. 대소 백성만이 혜택을 입을 뿐 아니라 공적으로나 사적으로나 물자가 탕진된 이 때에 명나라 구원병이 5개월 동안이나 머무르고 있었음에도 그들을 접대하는 큰일을 처음부터 끝까지 그르침이 없어서 명나라 장수들도 매우 기뻐한 바 있습니다. 또한 싸움에 나가서는 적을 잘 잡았으니 정말로 어진 관리요, 훌륭한 장수입니다. 이 곤란한 때를 당하여 박의장이 아니고는 관청 일이나 민정을 수습할 길이 없으니 심히 걱정스럽습니다. 속히 불러서 그 임무를 맡아야 공사가 다 편의할 것 같으니 조정에서는 알아서 처리하여 주옵소서.[5]

결국 박의장은 국가의 명을 받고 곧 경주 임소로 복귀하지 않을 수 없었다.

그는 군인을 뽑는 데도 3등분으로 나누어서 군관이나 사패射牌는 관에서 먹이고 입히어서 적을 막게 하였고, 그 나머지 병정 노릇을 못할 자는 농사를 짓게 하였는데, 잡역은 면해 주어서 농사짓는 데 지장이 없게 하였다. 혹 병적에 이름을 올린 자가 백성들에게 부당하게 물건을 취하면 비록 사소한 일이라도 군법으로써 엄하게 다스렸다. 이렇게 함으로써 군인이나 농민이 각각 자신의 직업에 안착하게 되었고, 고을과 거리가 안온하게 예전의 모습을 되찾을 수 있었던 것이다.

경주의 안정된 모습은 참전한 명나라 장수에게도 그대로 목격되었다. 정유재란 시 참전한 명의 참장 양소조楊紹祖는 달라진 경주의 모습을 선조에게 다음과 같이 알리면서 박의장을 극찬하였다. 양소조의 형 양소훈과 동생 양소신은 임진왜란 때 참전한 바 있어 삼형제가 전후로 이어 참전한 셈인데, 따라서 형 양소훈으로부터 들은 임진왜란 당시의 경주와 자신이 본 정유재란 당시의 경주 상황을 비교하여 말할 수 있었던 것이다.

> 전일 양도야楊都爺(양소훈을 가리킴)가 울산에서 회병할 때에 경주지방을 보니 인가가 하나도 없었는데, 박의장이 수령이 된 뒤로부터 돌변하여 완전한 읍이 되었으니 박의장은 쓸 만한 인재입니다.[6]

박의장이 사용하던 휴대용 잔(무의공종가 제공)

또한 아전들의 농민 침탈을 막는 데도 남다른 지혜를 발휘하였다. 혹 백성들이 아전들에게 침탈을 당한 사실이 있으면 고을에서도 경험 많고 능한 사람을 시켜서 세밀하게 조사를 펴는 까닭으로 아전들의 털끝만한 착취도 없었다. 그리하여 백성들이 개와 닭 같은 것도 안심하고 기를 수 있었다고 하며, 관청의 향리들이 동네에 와서 조르거나 소리치는 일이 없었다고 한다. 자신이 부리는 아랫사람에 대한 신칙도 매우 엄하여 혹 쇠고기를 반찬으로 들이면 반드시 그 출처를 물었으며, 새로 지은 버선이나 행건을 신고 있으면 반드시 누구에게서 얻은 것인가를 물어서 혹시 있을지도 모르는 비리와 부정을 막으려고 하였다.

1593년과 1594년에 걸쳐 흉년이 들고 역질이 유행하여 시체가 골짜기를 메우고 해골이 산같이 쌓였을 때, 박의장이 밥을 먹이다가 죽을 먹이다가 도토리를 먹이기까지 하여 죽을 사람을 살린 것이 수도 없이 많았다고 한다. 그리고 경주에 주둔한 장수들의 부당한 처사로부터 경주 향리와 부민들을 보호하는 데도 적극적이었다. 경상좌도병마우후慶尙左道兵馬虞候가 자신이 거느린 군사에 대한 대접을 소홀히 한 점과 제사에 쓸 초로 큰 초를 바치지 않고 중간 크기의 초를 바쳤다는 죄목으로 경주의 향리를 혹독하게 매질한 데 대해 이 사실을 관찰사에게 보고하여 알리고 그 시정을 촉구하였다. 나아가 각 진의 군인들이 밤이 되면 거리를 횡행하고, 낮이면 산과 들에 사냥하면서 논과 밭을 말 타고 망치기가 일쑤이며, 심지어 왕래하는 부녀자를 함부로 겁탈하는 경우도 있어서 그 폐해가 왜적과 다를 바가 없다고 하면서 그들의 행태를 고발하기도 하였다.

또한 '경주지역 백성과 군인들이 적에게 붙는 자가 없으니 세금과 부역을 일체 경감하고 특별히 대우하라' 고 한 임금의 명령과 '경주 군인들은 식량을 대어 주고 특별 대우할 것' 이라고 한 체찰사의 지시를 거론하면서 실제 이 명령과 지시가 지켜지지 않고 있는 현실을 지적하고, 경주지역 군인들에 대한 대우를 향상시켜 급료를 지급해 줄 것을 강하게 요구하기도 하였다. 왜냐하면 경주에 주둔하고 있는 다른 진 소속 병사들은 급료를 지급받는 데 비해, 경주지역의 병사들은 토병土兵이라 하여 급료를 지급받음이 없이 온갖 궂은일은 도맡아 복병 · 파발 · 후망堠望 · 정탐 등에 동원되어 밤낮 선두에서 적을 지키고 있었기 때문이다. 그 결과 비변사로부터 세금을 경감받는 조치를 받을 수 있었다.

옥산서원

수령으로서 관내 교육 문제에 대해서도 남다른 관심을 가지고 있었다. 무인이지만 문을 겸하였던 관계로 유생들에 대한 관심도 각별하였다. 비록 오랜 전란을 겪은 이후지만 나라에 필요한 인재를 키우는 교육을 소홀히 해서는 국가의 미래가 없다는 생각에서 교육을 권면하였다. 이를 위해 경주의 대표적인 서원으로 회재晦齋 이언적李彦迪을 모신 옥산서원玉山書院의 유생들에게 학문을 권면하는 글을 썼다.

아! 영남은 곧 우리나라 선비들을 간직한 창고이고 동경은 바로 신라가 천년 동안 문물을 꽃피운 고도이다. 이름난 선비와 큰 학자가 대대로 떨어지는 법이 없었으니 근래에는 우리의 회재 이 선생께서 이 땅에 우뚝 태어나시어 탁연히 백세의 유종이 되신 나머지 그 유풍과 여운이 오늘날에 이르러서도 이목에 가득하다. 호걸스러운 선비가 어찌 그 뒤에 나오지 않겠는가. 그러나 생각건대 8년간의 병화는 그 참혹하기가 진시황 때의 분서갱유보다 더 심하였다.…… 그러나 다행스럽게도 하늘이 우리의 학문을 소멸시키려 하지 않은 덕분에 변방의 전쟁터 먼지가 조금 가라앉았다. 지금이야말로 바로 무기를 버린 채 학문을 강하고, 전마를 쉬게 한 채 시문을 논함으로써 문덕文德의 불꽃을 피워 올리고 사림의 선비를 배양할 때이다. 생각건대 노사숙유老士宿儒도 남았으니 두려워할 만한 후생들도 완전히 없어지지는 않을 것이다. 대개 서로 흥기하고 각자 권면하여 가가호호 『시경』과 『서경』을 읊조리고, 나날이 다달이 예와 악을 강론한 결과 크게는 궁리窮理와 진성盡性을 공부하여 성리학의 근원을 캐어 보고 작게는 시부詩賦와 강경講經을 익혀 국가의 과거에 참여해야 할 것이다. 비록 초학의 어린 아이들이라 할지라도 역시 스승을 찾아 수업을 받도록 하고 원근의 어른들이나 아이들도 일제히 문학으로 과업을 삼도록 함으로써 각각 능히 성취함이 있게 될 것이다.[7]

위 글을 읽는 사람이라면 누구나 벅찬 마음으로 책을 들고 학교로 뛰어가지 않았을까 싶을 정도로 심금을 울리는 명문장이다. 전란 속에서도 나라의 백년대계를 생각하는 문화민족의 저력이라고 하지 않을 수 없겠다. 이어 5개조의 약조를 정하여 후학들의 교육을 진작시키고자 하였다. 5개조의 약조는 다음과 같다.[8]

一 민가의 자제로서 나이 칠팔 세에서 십오륙 세 사이의 가르칠 만한 준수한 자는 유안儒案에 들어 있는 선비가 책임지고 중심이 되어서 그의 일가들에게도 연락하고 그 동리에 서로 아는 사람에게도 연락하여 혹은 한 사람 혹은 두세 사람씩 그 성명을 기록하고 그의 부형들의 이름까지 기록하

여 각각 명단을 낼 것.

— 유안의 유생과 새로 들어온 아이들은 읽은 책의 서목을 써서 다음 6월 15일까지 제출하고, 15일 이후에도 날마다 써서 장부에 올려 둔다. 매월 초하룻날에는 전부 모아서 강을 하고 상벌을 줄 것.

— 공부를 게을리하지 않아 날로 진보되거나 강하는 성적이 우수한 자에게는 그 지도한 사람까지 상을 주고, 공부를 부지런히 하지 않아 끝내 성취하지 못하고 강하는 성적도 불량한 자에게는 그 지도한 사람까지 벌을 줄 것. 스승은 자기를 추천한 선비도 좋고 혹은 딴 스승을 정하여도 무방함.

— 초학하는 아이들은 『소학小學』·『동자습童子習』·『동몽선습童蒙先習』 등의 책을 먼저 가르치되, 책이 없는 경우에는 그 부형들이 종이에 써서 줄 것.

— 아이들은 바르게 길러서 성현을 배우게 하여야 하는 것이니, 다만 입으로만 외우고 귀로만 들어서는 안 될 것이라. 물 뿌려 비질하는 일과 어른들의 심부름하는 일, 나아가고 물러가는 절도와 부모에게 효도하고 형제에게 우애하며, 충신忠信과 염치의 도를 가르쳐서 버릇이 성질을 이루게 함으로써 뒷날 잘못된 길을 걷지 않게 할 것.

이와 같이 박의장은 무관이지만은 어릴 때부터 체득한 학문적 소양을 바탕으로 전란 속의 경주를 추스르고 수습하는 데 뛰어난 능력을 발휘하였던 것이다. 그리하여 경주부민들은 그를 부모와 같이 여겨 혹시 그가 체직되거나 승진하여 경주를 떠날까 걱정하니 기회가 있을 때마다 유임을 청하는 진정서를 관찰사나 암행어사 또는 국왕에게 올렸던 것이다.

경상좌도수군절도사로 재직할 때는 표류한 중국인들을 구해 준 적도 있었다. 어느 날 수영 앞바다에 큰 배 한 척이 지나가자 왜적의 배인 것으로 판단하여 수군을 이끌고 출격한 일이 있었다. 다가가니 그 배에 탄 사람들이 일제히 손을 모아 절을 하기에 자세히 복색을 살펴보니 바로 중국인들이었다. 중국 절강성의 상인 95명이 표류하고 있었던 것이다. 즉시 인도하여 수영 밖에 정박시켰다. 그때 일부 장수들이 그들의 머리를 베어 올려 공

박의장이 이용하던 가마인 남여(무의공종가 제공)

적으로 삼고자 청하였다. 이에 박의장은 정색을 하고 말하기를 "공적을 탐하여 함부로 사람을 죽이는 것은 진실로 장수의 도리가 아니다. 하물며 중국 사람임을 알고서 어찌 도륙할 수 있겠는가?" 라고 하였다. 그러고는 즉시 조정에 보고하는 한편 표류민들을 구휼하였다고 한다. 이에 표류민들이 감격해 마지않으면서 아침마다 뜰아래 와서 절하는 한편 글을 올려 사례하였다고 한다. 그의 사람을 사랑하는 인간적인 품성을 잘 보여 주는 한 대목이라고 하겠다.

주

1) 『국역 관감록』 속편, 「연보」, '선조 25년 9월 7일'.
2) 한국학중앙연구원, 『節義를 숭상하고 忠情에 뜻을 두다: 무안박씨 무의공 후손가』(『명가의 고문서』 7, 2009), 78~79쪽.
3) 『국역 관감록』 3, 습유, 「전투에서 죽은 군사들에게 드리는 제문」.
4) 『국역 관감록』 1, 가전, 「순찰사가 기복을 청하는 장계」.
5) 『국역 관감록』 1, 가전, 「순찰사가 기복을 청하는 장계」.
6) 『선조실록』 103, '31년 8월 12일 을축'.
7) 『국역 관감록』 3, 습유, 「옥산서원 제생들에게 훈계하는 글 및 약조」; 한국학중앙연구원, 『節義를 숭상하고 忠情에 뜻을 두다: 무안박씨 무의공후손가』, 102쪽.
8) 『국역 관감록』 3, 습유, 「옥산서원 제생들에게 훈계하는 글 및 약조」.

제3장 종가 위상의 확보와 계승

1. 숭모와 현창

박의장은 1615년(광해군 7) 평소의 지병으로 경상좌도수군절도사영에서 순직하였다. 고향인 영해로 운구할 즈음 경주를 지날 때 제문을 지어서 제사 드리는 자가 길을 메웠고, 남녀노소가 눈물을 흘리며 영결하였다고 한다. 영해부의 서면 옷재(烏峴)에 묘소를 만들고 장례를 치렀다. 국왕도 큰 나무가 넘어진 것 같다면서 예조정랑 김기원을 예관으로 보내어 제문을 내려 애도하였다.

생각건대 영령은 무안이 본적인데	惟靈山西家世
영남에서 우뚝이 영웅이 되었네.	嶺南英豪
형제가 나란히 무과에 급제하여	聯芳虎榜

선조들의 아름다운 전통을 이었었네.	趾美龍韜
지난날 경주부에서 판관으로 지내며	昔佐鷄林
처음으로 훌륭한 재능을 시험해 보았네.	肇試牛刀
섬 오랑캐들이 패악을 부릴 때	島夷作虐
말을 달리며 공로를 바쳤었네.	汗馬效勞
장창을 휘둘러 기세를 떨치자	蛇矛所奮
연약한 적병들이 모조리 죽었네.	蜎蜂就鏖
선왕께서 이 공훈을 가상히 여기시고	先朝是嘉
부윤으로 승진시켜 포상하셨네.	大尹以褒
여러 번 절도사를 맡았으니	屢總戎政
실로 군대의 정황에 부합하였네.	允協軍情
나를 세워 선왕을 잇게 하였는데	建予纘服
더욱 충성을 바쳤었네.	益用惟誠
잠시 후 충청도의 절도사를 사양하여	頃辭湖鎭
마침내 경상도의 절도사로 바꾸었으니	乃換海營
자친이 계시는 곳에 가깝게 하여	俾近庭闈
실로 귀녕을 편하게 하도록 하였었지.	寔便歸寧
큰 성이 바야흐로 의지할 데를 가졌는데	長城方倚
큰 장수가 갑자기 세상을 떠났었네.	大樹遽折
아직도 늙지 않아 여러 임금 모실 수 있었지만	馮唐未老
변방 지키던 장수 병들어 죽은 일도 있지 않던가.	羊祜非疾

더구나 병영 안에서 죽었으니 馬革斯裹
평소의 뜻한 바에 유감됨은 없으리라. 素志無憾
선왕께서도 이미 돌아가셨으니 龍鬚莫剪
비통한 감회에 슬픔을 더하게 되네. 痛懷增憯
이에 예조의 낭관을 보내어 玆遣禮官
보잘 것 없는 술과 안주나마 올리나니 聊奠菲酌
통상의 전례라 여기지 말고 罔曰彝章
바라건대 영령을 강림하실지어다.[1] 庶其靈格

1622년(광해군 14) 정2품 자헌대부호조판서에 추증되었다. 1633년(인조 11) 영해부 서쪽 집희암에 부인과 합장으로 천장遷葬하였다. 원 묘소가 있던 데서 그다지 멀리 떨어진 것은 아니었지만 산길이 깊고 험한 데다 일도 거창하였으므로 대단한 효성을 필요로 하였다. 게다가 예전 묘수墓樹와 석물은 사람의 힘으로는 실어 올 수 없었기 때문에 험악한 잔도를 편편하게 골라서 위태롭고 험준한 정상까지 수레로 운송하여야 하였다. 천장을 한 후 묘지명은 진주목사 양계暘溪 정호인鄭好仁이 지었다. 정호인은 무의공의 외손서이다. 정호인은 묘지명에서 다음과 같이 무의공의 일생을 요약하여 전하였다.

아아, 공의 사업은 전투를 잘하는 데만 있는 것이 아니라 효우

박의장 묘역(무의공종가 제공)

무의공 무덤 앞의 석물(무의공종가 제공)

孝友하는 행실에 있었으니, 집에서 효우하였기 때문에 이것을 미루어서 임금에게는 충성을 다하였고, 대중에게는 자애를 다하였고, 전쟁에 당하여서는 국가만을 생각하였지 자기의 몸은 생각지 않았고, 다스림에 있어서는 의리만을 생각하였지 사정私情이 없었다.[2]

역시 천장한 뒤에 신도비명은 학사鶴沙 김응조金應祖가 지었다. 김응조는 대사간을 지낸 인물로서 한 시대 영남 남인을 대표하던 인물이었다. 다음과 같은 말로 무의공의 인격을 드러내었다.

평생에 몸가짐이 심히 엄하고 벼슬살이에 청렴하고 삼갔다. 맏아들 유는 처음부터 끝까지 전쟁에 종사하였지만은 한 번의 가자加資나 반급半級의 승진도 얻지 않았고, 막내아들 무는 군대에 편입시켰으며, 숙부 첨지공에게 여쭈어서 집안의 건장한 종들을 군대에 내보내게 하였다. 재물과 이익에 대하여는 칼로 끊는 듯이 청렴결백하였다.[3]

신도비명이 작성된 후 약간 미진한 점이 있었기 때문에 갈암葛庵 이현일李玄逸이 추가하여 덧붙이는 글을 지었다. 주로 임진왜란 시의 공적에 대해 상세하게 첨가하였는데, 특히 경주성 수복의 공이 역사책에 경상좌병사 박진의 공으로 되어 있는 점을

신도비(무의공종가 제공)

신도비각(무의공종가 제공)

덕후루와 신도비각 전경(무의공종가 제공)

의식하여 그 공이 무의공에게 있음을 상세히 변론하여 두었다. 이현일은 무의공의 손서로 퇴계학맥의 적전을 이은 대학자였다.

그리고 무의공의 외증손, 즉 이현일의 아들인 밀암密庵 이재李栽는 신도비명의 비음기碑陰記를 지었다. 신도비가 세워진 지 60년 정도 경과된 시점에 여기저기 돌이 삭아 문드러져서 글자가 잘 보이지 않게 되었으므로 비면을 새로 깨끗이 갈고 비문을 다시 새기게 된 사정을 비음기로 적은 것이다. 이 기회에 이현일이 쓴 글 중에서 경주성 복성의 공이 무의공에게 있음을 명백하게 밝힌 핵심 내용을 추려서 신도비의 옆면에 새겨둠으로써 후일의 증거가 되게 하였다.

박의장은 1784년(정조 8) 무의공武毅公으로 시호諡號를 하사받았다. 시호는 한 인물이 죽은 후 그 학행이나 공적이 기릴 만한 가치가 있는 것으로 평가되어 임금으로부터 받는 것이다. 시호는 종친과 문무관 실직 2품 이상을 역임한 관료를 대상으로 하였다. 박의장의 경우는 경주부윤과 경상좌도병마사를 역임하고 사후에 호조판서에 추증되었기 때문에 시호를 받을 수 있는 자격을 갖추고 있었다. 시장諡狀을 작성하여 조정에 시호를 청하는 것이 순서인데, 시장을 작성하는 자격은 당상관 이상의 문망이 있는 인물이어야 하였다. 박의장의 시장을 청요직을 두루 거친 후 판서를 지낸 황경원黃景源에게 부탁하였다. 그는 시장을 올리는 이유로 박의장이 임란 중에 세운 전공과 가정에서의 효를 강조해서 다음과 같이 부각시켰다.

> 공이 경주부에서 지내면서 판관으로 재임한 기간이 2년, 부윤으로 재임한 기간이 7년이었는데, 사방으로 널려 있는 왜적들의 보루 한가운데서 버티면서 크고 작은 전투를 50여 차례나 치렀지만, 조금이나마 병세兵勢를 꺾인 적이 한 번도 없었다. 심지어 사변에 대응하고 송사를 판결하는 데서도 마땅한 결과를 내지 않은 적이 없었으니, 앞서 말한 문무의 재주를 겸전한

인재라는 칭송이 이러한 점에 이르고 보면 더욱 미덥게 된다.[4]

드디어 조정에서는 무의武毅로 시호를 내렸다. 왜군을 무찔러 적을 두렵게 하였으니 무이며(折衝禦侮曰武), 강직하게 일을 잘 판단했으니 의였다(强而能斷曰毅). 그의 풍모와 행적을 적절하게 평가한 결과라고 하겠다. 이어 시호 교지를 전달하는 선시宣諡 행사가 진행되었다. 이조에서는 이조정랑 조윤대를 사시관賜諡官으로 파견해 시호를 내리는 선시 행사를 주관토록 했다. 행사에는 영해부사를 비롯해 영양현감 김명진, 영덕현령 윤기동, 영일현감 이양선 등 인근의 수령들이 참가하였고, 무의공 종손을 비롯한 문중 인사와 영해 향중의 유림도 참가하였다. 선시례는 8대 종손인 박시영朴時永이 박의장의 신위를 받들고 사당에서 나오는 것에서 시작되었다. 장막 아래에 안치한 다음 땅에 자리를 깔고 앉아 북향하였다. 그로부터 조금 위쪽에 높은 탁자를 남향으로 배설하여 시함諡函을 받드는 장소로 삼았으며, 의막에서부터 자리를 깔아 장악帳幄에 닿게 하였다. 영해부사와 영일현감이 안온하게 시함을 받들고 먼저 나가서 공경히 탁자 위에 안치하였다. 좌찬左贊 영양현감과 사알司謁 영덕현령이 예관을 인도하여 위치로 나아간 다음 탁자 앞에 섰다. 그리고 서향하여 엄숙히 읍하고 나서 선시의 예를 행하였다. 시호 교지 읽기를 마치고 여러 무안박씨가 자손들이 네 번 절하였다. 절하기를 끝내자 종손이 시호 교

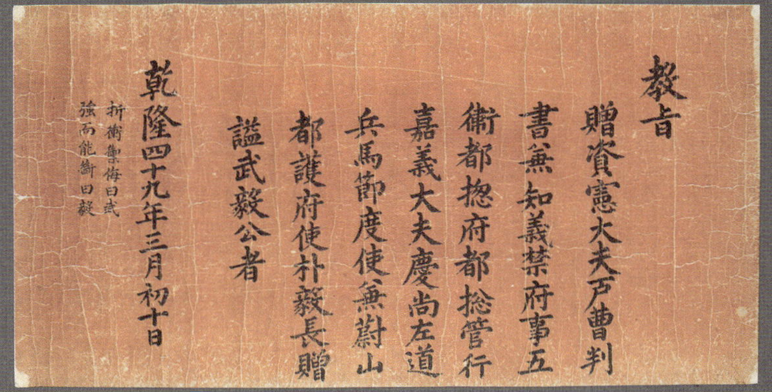

教旨
贈資憲大夫戶曹判
書兼知義禁府事五
衛都摠府都摠管行
嘉義大夫慶尚左道
兵馬節度使兼蔚山
都護府使朴毅長贈
謚武毅公者
折衝禦侮曰武
強而能斷曰毅
乾隆四十九年三月初十日

박의장 증시 교지(무의공종가 제공)

증시 교지함(무의공종가 제공)

지를 받들어 신위 앞에 펼쳐 놓았다. 종손이 여러 자손들을 거느리고 또 네 번 절하였다. 음악의 연주와 음악의 그침은 의례의 시작과 마침에 맞추어 행하였다.

선시행사와 시호맞이행사에는 막대한 경비가 소요되었다. 비용은 가내의 재력으로 충당하는 것이 당연하나, 행사 자체가 향중의 큰 잔치였으므로 재력 있는 인근 사족으로부터의 부조도 답지하기 마련이었다. 경주, 양동, 안동, 영양, 진보, 영천, 평해, 울진 등지의 유력 가문과 서원에서 모두 94냥 8전의 부조가 답지했다. 그리고 영해 관내의 부조액 97냥, 영해와 순흥 일대 무안박씨 종중의 부조액 161냥 6전 등 총부조액은 373냥이었다. 현물 부조를 합치면 더 많았을 것이다. 당시 서울에 소재한 후원이 딸린 방 세 칸 초가집이 약 70냥 정도였음을 감안하면 시호를 맞이하는 행사에 지출이 상당하였음을 짐작할 수 있다. 전체 부조 수령액의 대부분은 행사를 위해 서울을 왕래하며 소요한 경비, 접빈객에 필요한 각종 물품 구입비 등으로 지출됐다. 무의공종가에서는 시호맞이행사를 기록하는 일기를 작성해 두었을 뿐 아니라 준비하고 진행하는 과정에서 작성된 각종 문서와 사실들도 별도로 잘 정리해 두었다. 시호맞이행사는 무안박씨 문중뿐 아니라 향중 전체의 큰 경사였다. 이를 계기로 박씨문중은 집안의 품격을 향상시킬 수 있었다.

시호가 내려진 뒤에 병조판서 번암樊巖 채제공蔡濟恭이 묘갈명을 지었다. 채제공은 정조 대 남인의 영수로서 영의정에까지 오른 인물이었다. 그에게서 묘갈명을 받는 데는 무의공의 5대손인 사주師周의 주선에 힘입은 바 컸었다. 채제공은 묘갈명에서 무의공의 업적을 다음과 같이 요령 있게 전하면서 기렸다.

> 공이 젊어서 유일재惟一齋 김언기金彦璣에게 글을 배워서 경서와 역사와 고금 인물에 널리 통하였고, 겉으로 볼 때는 명랑하고도 조심성 많은 글 읽는 선비와 같았다. 그러나 그 큰 난리 때에 경주 고을을 맡아서 판관으로 두 해 동안, 부윤으로 7년 동안 한 지역을 위하여 적을 막아 내는데, 전후 50여 전투에 한 번도 패배한 적 없이 이 나라의 중흥 대업을 도와온 것이다. 문과 무를 겸한 인재가 아니고서야 누가 능히 이와 같이 할 수 있으랴.[5]

채제공이 찬한 묘갈명을 사헌부지평 김흥락金興洛이 글씨를 써서 1896년 그의 묘 앞에 묘갈을 세웠다.

이미 훨씬 이전부터 영해에서는 박의장을 모시는 사당을 세우고 그 업적을 기리고 있었다. 1665년(현종 6) 영해부 향중에서 원구리 서편 구봉 아래에 구봉정사九峰精舍를 짓고 사당 이름을 정충사精忠祠라고 한 것이 그것이다. 사당에는 이 고장 출신의 뛰어난 무장인 박종문朴宗文·박의장·박홍장 세 사람을 모셨다.

얼마 뒤 박종문을 따로 읍내의 충렬사로 옮겨 모시게 되어, 구봉정사는 무의공 형제만을 모신 공간이 되었다. 그 후 무의공이 시호를 받은 이듬해인 1785년(정조 9) 구봉정사를 구봉서원으로 승격하게 되었다. 구봉서원은 1868년 전국의 서원들이 대대적으로 정리될 때 훼철되었고, 현재는 부속건물 일부가 남아 전하고 있다.

그리고 박의장의 일대기를 정리하는 작업도 일찍부터 시작되어 몇 단계를 거쳐 완성되었다. 박의장의 아들 선이 아버지의 일대기를 가전이라는 형식으로 쓰고 또 유사, 비명, 만시, 제문 등을 합쳐 『관감록觀感錄』이라고 명명하였다. 이는 눈으로 보고 느낀 기록이라는 뜻이다. 그 뒤 5대손 정걸廷杰이 빠진 글을 더 모으고 박홍장의 기록 약간을 부록으로 하여 총 4권 2책으로 만들어 밀암 이재의 서문을 받아 책으로 엮었으며, 6대손 성주가 영해수령으로 온 정옥鄭玉의 발문을 받아 1757년(영조 33)에 완성하였다. 그 후 속편이 상하 2권으로 만들어졌는데, 상권은 연보이고 하권은 그동안 수습된 몇 가지 자료와 시호 관련 자료들이었다. 이때는 외예손인 재령 이주원李周遠의 후기를 받았다. 여기에 다시 '경주복성사증부'라 하여 경주성을 탈환한 공이 오로지 박의장에 의해서였음을 여러 자료를 통해 증명하는 글이 8대손 계영에 의해 작성되었으며, 여기에 이야순李野淳의 발문을 받아 보증하였다. 그 뒤 1979년에 한글 번역본을 이수락의 번역으로 발

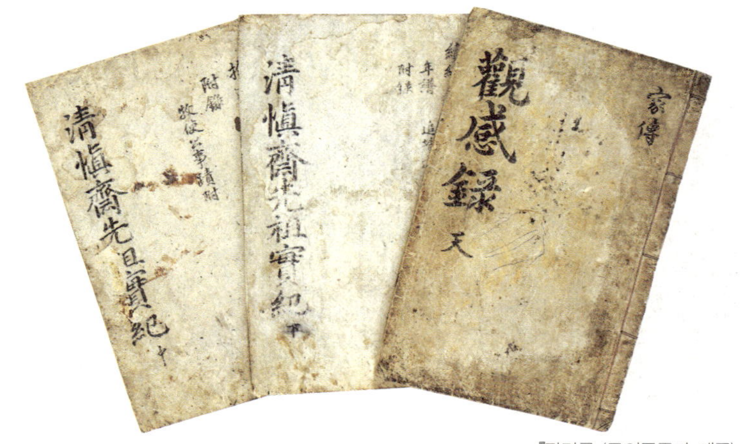

『관감록』(무의공종가 제공)

간하였다. 이때 위의 모든 것을 원문대비 번역하였을 뿐 아니라 말미에 추가로 발견된 시 몇 수와 동도복성비문, 『조선왕조실록』의 박의장 관련 기사 일부, 박홍장의 연보 및 실록 기사 등을 첨부하여 번역하였으며, 13대손 문락의 발문을 실었다. 실로 수백 년에 걸쳐 여러 후손들의 노력으로 무의공에 관한 기록이 정리된 것이다.

그리고 무엇보다 뜻깊은 것은 무의공이 목숨을 걸고 싸워서 수복하고 지킨 경주 고을에 그를 기리는 기념비를 세운 사실이다. 260여 년이 흐른 뒤인 1861년(철종 12) 박의장의 경주성 수복을 기려 경주부의 관아에 세운 '박무의공 수복동도비收復東都碑'

수복동도비

가 그것이다. 무안박씨 종중에서는 경주 유림의 협조와 안동 일대 유림들의 지지를 얻어 이 일을 추진할 수 있었다. 비신은 높이 240센티미터, 폭 90센티미터, 두께 33센티미터이다. 비명은 퇴계 이황의 10대 종손으로 동부승지를 지낸 이휘녕李彙寧이 찬술하였다. 무의공이 앞장서서 경주성을 탈환하던 상황과 목민관으로서 경주를 다스리던 모습을 자세하게 소개하면서 그 의미와 공적을 기리고 있다.

옛날 임진년 왜적의 난리에 우리 영남이 제일 먼저 화를 당하였다. 경주부는 영남에서도 가장 큰 관문이요 적의 중요한 길목이다. 만일에 이 경주성을 지키지 못한다면 그 위로 낙동강과 죽령은 다 막을 수가 없는 일이다. 이때에 박무의공이 경주판관으로서 이 성을 회복하고 백성들을 모이게 하여서 영남 전체를 보호하였다. 지금까지 이 경주 사람들이 공을 추모해 마지않아서 비를 세워 그 공덕을 기념하려 하여 나에게 글을 청한 것이다.…… 공이 경주에 있은 지 9년 동안에 전투에 참가한 것이 50여 회였고, 일군의 지경을 말끔히 정돈하고 병들고 잔약한 백성들을 잘 쓰다듬어 주었으며, 때때로 옥산서원에 참배하여서 선비들을 공부하라 타일렀고, 5개 약조까지 정하여서 유림의 기강을 바로잡았으니, 말하자면 공은 전투에는 용감스러웠고 행정에는 은혜스러워서 흩어지고 도망간 자들을 돌아오게 하였고 문화와 교육으로 다스렸다.[6]

처음 관아에 세운 기념비는 일제강점기인 1915년에 경주 읍성과 관아가 헐리게 되자 황오동으로 옮겨졌고, 해방 후 1959년에는 도심의 확장으로 인해 인왕동으로 다시 옮겨졌다. 2001년부터는 황성동에 소재한 황성공원으로 옮겨 보존하고 있다.

2. 무의공종가의 번성

박의장은 부인 영천이씨와의 사이에 4남을 두었다. 유瑜, 위瑋, 늑玏, 선璿이 그들이다. 그의 후손은 이 네 아들을 가지로 하여 무성하게 퍼져 나갔다. 무의공의 후손들은 무반가로서의 긍지를 지니면서도 문반가로의 전환을 끊임없이 시도하였다. 이를 위해 장서를 모아 언제든지 공부할 수 있는 토대를 만든 것은 물론이거니와 문인 가문과의 혼인을 통해 인적 쇄신을 도모하였다. 그러한 노력의 결과 큰 학자의 문하에서 학문을 닦고 또 그들과 교류할 수 있는 가문으로 전환하는 데 성공하였다. 그야말로 문과 무를 겸비한 가문으로 성장한 것이다. 아래에서는 무의공의 네 아들을 큰 갈래로 하여 그 아랫대의 이름난 후손들에 대해 약술

하고자 한다.

1) 장자 유와 그 후손들

장자 유는 일찍부터 조부인 세렴의 가르침을 받았다. 어려서부터 『소학』을 익혔으므로 세상에 나가거나 집안에 있을 때의 행사에 대해 모두 옛사람을 모범으로 삼았으며, 소년기 때부터 이미 노성한 사람이라는 일컬음을 들었다. 임란 중에는 아버지 박의장을 도와 활약하였다. 1593년(선조 26) 18세에 무과에 급제하였다. 이때는 임진왜란이 한창이던 중이라서 과거가 엄격하게 실시되지 못하였다. 특히 무과의 경우는 전란 수습을 목적으로 수천 명을 선발하기도 하였다. 이에 그는 전쟁이 종결되고 제도가 정비된 1599년에 실시된 과거에 다시 응시하여 당당히 합격하였다. 임란 이후 출사하여 훈련원주부를 거쳐 장기현감, 영산현감, 강령현감, 거제현령 등의 지방관을 역임하였다. 비록 무예로써 세상에 나아갔지만 동작과 행실이 조용하고 얌전하여 한결같이 선비와 같았다고 한다. 월성손씨 시時의 딸을 부인으로 맞았는데, 손시孫時는 적개공신敵愾功臣 손소孫昭의 현손으로 경주 양동에 거주하고 있었다. 손씨는 자태가 예쁘고 수려하였으며, 성품과 행실이 유순하고 아름다웠다고 한다. 한 번도 다급한 말씨나 서두르는 표정을 시어른들에게 드러낸 적이 없었고, 내외

여러 친척들로부터도 모두 환심을 샀으며, 비복들을 은혜로써 거느렸다고 한다.

박유는 어머니 영천이씨로부터 종가 건립을 위한 재원으로 목면 400필을 물려받았으나 43세의 비교적 젊은 나이에 사망하면서 뜻을 이루지 못하였고, 재원도 이리저리 흩어져 버렸다. 그러나 도곡으로의 이주를 유훈으로 남겨 결국 실현시켰다. 두 아들 문립文立(1602~1673)과 문기文起는 할머니와 어머니, 그리고 가문의 문풍을 진작시키려는 숙부 늑과 선의 보살핌을 받으며 자랐다. 1629년 할머니 영천이씨는 손자인 박문립에게 박의장이 생시에 사용하던 유품을 물려주었다. 문서 서두에 손자라고 하지 않고 '종손 문립' 이라 표현한 것도 종손으로서의 박문립의 지위를 재확인시키고, 조부인 박의장의 유품을 물려주는 것의 정당성을 강조하기 위해서였다. 영천이씨는 생의 마감을 감지하고 막내아들 박선으로 하여금 문서를 받아쓰게 하자 박선은 슬픔을 이기지 못해 눈물을 감출 수 없었다. 그녀는 문서를 작성한 20일 뒤 세상을 떠났다. 박문립이 할머니로부터 전해 받은 할아버지의 유품에는 금관자金貫子, 수산호水珊瑚 갓끈, 유서통諭書桶, 당상관의 말을 장식하는 여러 도구 등이 포함되어 있었다. 이러한 물품은 종가의 종통을 상징할 뿐 아니라 무의공종가에서 박의장과 같은 우뚝한 인물이 연이어 나와 이러한 유품을 다시 사용하길 기원하는 의미를 담고 있었을 것이다.[7]

1630년대 초반 드디어 아버지의 유훈에 따라 문립은 숙부 선과 함께 도곡리 이주를 단행하였다. 문립은 선우당善迂堂 이시李時의 문하에서 수학하였는데, 스승의 가르침을 따라 효제와 면학을 몸소 실천하면서 자제들을 훈도하였다. 그는 성실하고 거짓이 없으며 질박해서 이른바 스스로 만족할 줄 아는 옛사람의 풍모를 지녔다고 한다. 만년에는 도곡리 인근에 수천정壽泉亭을 짓고 유유자적하였다. 문기는 나중에 출계하여 숙부 선의 양자가 되었다.

문립의 아들 순洵(1626~1650)은 25세로 일찍 사망하여 동생 초滰(1628~1694)의 아들 하상夏相(1654~1725)으로 대를 잇게 되었다. 하상은 호를 백인재百忍齋라 하였는데, 평소에 매사를 참고 순리를 따라 거스르지 않는 옛사람의 아름다움을 따르겠다는 각오를 담은 것이었다.

하상의 아들이자 박의장의 5대손인 정걸廷杰(1683~1746)은 밀암 이재의 문인으로 문장과 학행으로 덕망이 높았다. 이재는 정걸을 가리켜 학문을 닦을 만한 사람이라고 칭찬하였다. 제산霽山 김성탁金聖鐸을 비롯하여 포헌逋軒 권덕수權德秀 등과 도의로써 교유하였다. 문집으로 『남포집南浦集』 2권이 있다. 또 박의장 이후 선대의 역사를 일괄 정리함으로써 무안박씨 종가의 내적 결속을 위한 기반을 마련하였다. 당시 무의공종가는 연이은 상화喪禍로 인해 매우 힘든 시기였다. 정걸은 1721년과 1725년 사이에 전염

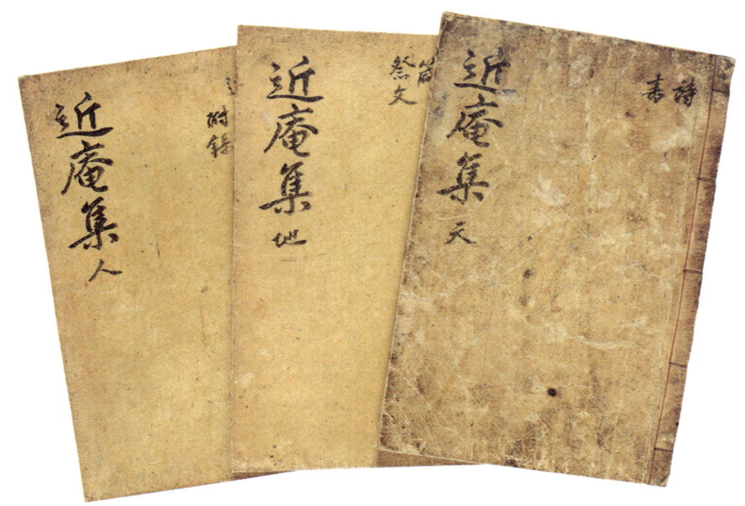

『근암집』(무의공종가 제공)

병으로 아버지 박하상, 어머니 의성김씨, 동생 박정열, 큰며느리 고성이씨의 상을 연달아 당하면서 경제적으로나 정신적으로 감당하기 어려운 시기를 보냈다. 그는 당시의 힘겨운 삶에 대한 기록을 「신을화변록辛乙禍變錄」으로 남겨 후손들을 경계하고자 하였다.

10대손 회찬晦燦(1807~1871) 역시 학문에 전념하여 유고집을 남겼다. 11대손 재우載祐(1829~1870)는 동생 재형載衡(1834~1862)과 함께 정재定齋 류치명柳致明의 문인으로 학문을 닦았다. '뜻이 있으면 마침내 이룬다' 는 믿음과 자세로 학문에 임하였다. 계당 류

주목, 서산 김흥락 등과 교유하였다. 문집으로 『근암집近庵集』을 남겼다.

재우는 동생 재명載明의 아들 우종禹鍾(1875~1938)으로 후사를 이었다. 박재명은 을미사변 후인 1896년에 일어난 영해의병의 중군으로서 휘하 의병 50~60명을 지휘하여 영해로 들어오는 일본군을 복기암 언덕에서 공격하다가 총상을 입기도 한 인물이었다. 당시 무안박씨 문중에서 의병 지도부에 참여한 자는 18명에 이르렀다. 박우종도 그때 서기의 직책을 가지고 활동하면서 일제의 침략에 항거한 바 있다. 그 후 한동안 칩거생활을 하다가 1년 정도 하얼빈을 비롯한 북만주 일대를 돌아본 후 돌아오기도 하였다. 이때 박우종은 나라를 떠나 견문을 넓히면서 많은 생각을 하였고, 다소의 소득이 있었다며 처남인 석주石洲 이상룡李相龍에게 토로하기도 하였다.

박우종은 나중에 박경종으로 개명하였다. 1905년 을사조약이 체결되는 시기를 당하여서는 이상룡 등과 함께 가야산伽倻山에 들어가 의병활동을 위한 기지 건설을 도모한 적이 있었다. 당시 이상룡과 박경종은 힘을 합쳐 1만 5,000금의 돈을 마련해 내어 그것을 자본으로 삼아 험준한 산에 기지를 설치하여 무력을 비축하는 계책으로 삼았지만 1908년경에 실패하게 되었다. 그들이 지원하던 의병장 신돌석과 김상태 등이 차례로 죽음을 당하였던 것이다.

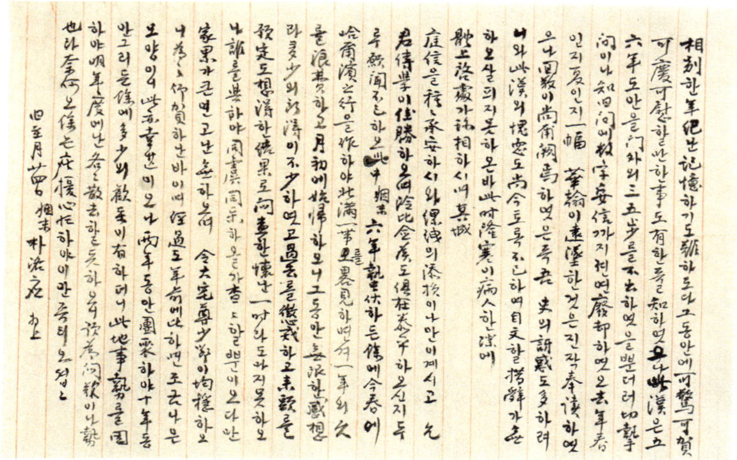

1905년경 박경종이 이상룡에게 보낸 편지(한국학중앙연구원 소장)

그 후 나라를 강점당하는 상황에까지 내몰리자 그는 나라를 떠나 독립운동에 투신하려는 생각을 굳혔다. 처남인 이상룡을 위시한 안동의 인사들과 정보를 교환하면서 함께 움직였다. 당시 만주로 이동하는 거사는 이상룡 · 김대락 · 김동삼 등이 주도하고 있었다. 김대락은 내앞마을 의성김씨 문중의 지도자로 이상룡의 처남이었고, 김동삼은 김대락의 집안 조카였다. 김대락의 사돈인 울진군 평해의 황만영도 가문을 이끌고 나섰다. 이렇게 당시 만주로의 망명에는 친인척 관계로 서로 맺어진 이들이 함께하였다. 그리고 최대한 동조자들을 확보하려고 노력하였는

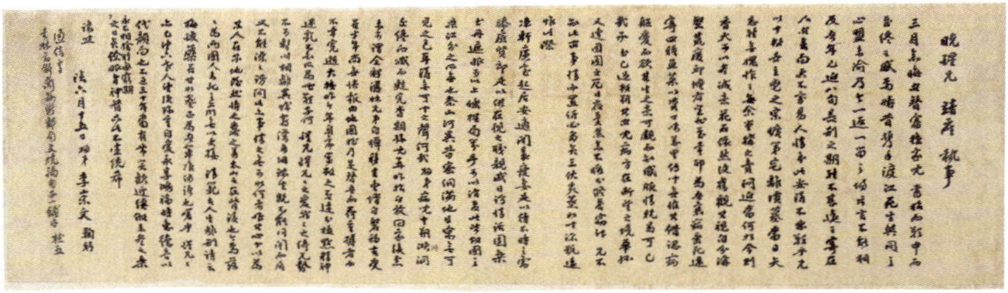

1931년 이상룡이 박경종에게 보낸 편지(한국학중앙연구원 소장)

데, 궁극적으로는 많은 동포들이 이동하여야만 독립운동의 근거지를 마련할 수 있었기 때문이다.

그는 가묘에 제를 올려 조상에게 고하는 한편 노비문서를 태운 다음 가족을 이끌고 길을 떠났다. 대개 경부선 열차를 탈 수 있는 김천까지는 걸어서 이동하고, 추풍령역에서 열차를 타고 서울을 거쳐 신의주로 갔고, 얼어붙은 압록강을 건너 만주로 망명하였다. 1911년 1월의 일이었다. 그는 유하현柳河縣의 삼원보三源堡에서 이시영李始榮 · 이회영李會榮 등과 함께 농장을 경영하면서 이주 동포들의 정착에 많은 도움을 주었다. 또한 만주지역의 민간자치기관인 경학사耕學社 조직에도 참여하였으며, 신흥무관학교의 재정적인 뒷받침을 위해 각고의 노력을 기울이기도 하였다. 1913년 대흉년으로 재정이 어려워지자 독립자금을 모금하기 위해 국내에 잠입하여 각지를 돌아다니면서 어렵게 2만 7,000원을 모아 전하였다. 이듬해에도 다시 입국하여 여러 지방을 돌아다니면서 자금을 모집하였으나 여의치 않았다. 이에 고향 종가의 전답 8,000여 평을 팔아 모은 돈 2만여 원을 안동의 이상룡에게 전하였다. 다시 모금을 위해 지방을 다니던 중 일경에 체포되어 1915년 9월 20일 경성지방법원에서 징역 7월형을 받고 서대문형무소에 수감되어 옥고를 치렀다.

출옥 후 좌절하지 않고 다시 망명지로 복귀하여 광업사廣業社 설치에 동참하여 대대적인 간척사업을 추진하고 광활한 습지와 황무지를 현지인으로부터 헐값에 빌려 동포들에게 나누어 주어 농사짓게 하였다. 처음에는 어려움이 있었으나 나중에는 크게 성공하여 여기에서 생긴 돈으로 학교를 운영하고 군자금을 마련하였다. 1920년대부터는 일제의 만주 출병으로 항일운동은 물론이고 학교 운영이나 생활도 막대한 제약을 받기 시작하였다. 이에 1924년부터는 소련의 영향을 받던 곳인 북간도 하얼빈 인근으로 근거지를 옮겼다. 이곳에서 동포들과 힘을 합쳐 동원학교를 설립하고 초대 교장을 지냈다. 이때 부인인 이상원도 교편을 잡았다.

이즈음 그는 종질인 박구락을 북만주로 들어오게 해서 자신의 양자로 삼는 한편, 함께 망명한 처가인 고성이씨 집안의 규수와 혼인을 시켰다. 이 며느리는 결혼 전 처녀시절에 일경의 눈을 피하기 좋았기 때문에 총알을 허리에 차고 배달하는 임무를 수행하곤 하였는데, 어느 날 어머니와 함께 총알을 운반하다가 일경

박경종의 묘(무의공종가 제공)

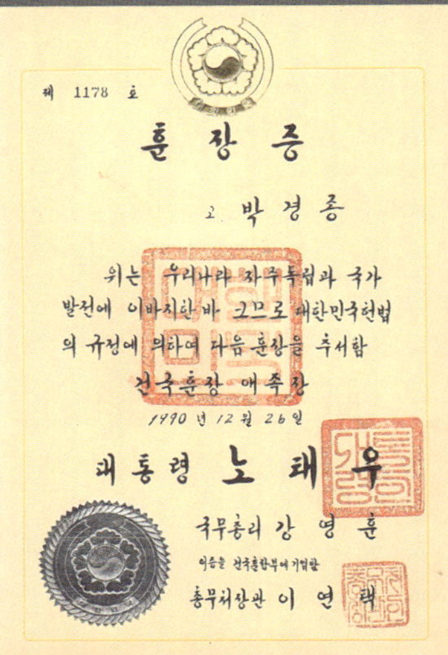
제 1178 호

훈 장 증

고 박 경 종

위는 우리나라 자주독립과 국가 발전에 이바지한 바 크므로 대한민국헌법의 규정에 의하여 다음 훈장을 수여함

건국훈장 애족장

1990 년 12 월 26 일

대통령 노 태 우

국무총리 강 영 훈

이증을 건국훈장부에 기입함

총무처장관 이 연 택

박경종의 훈장증(무의공종가 제공)

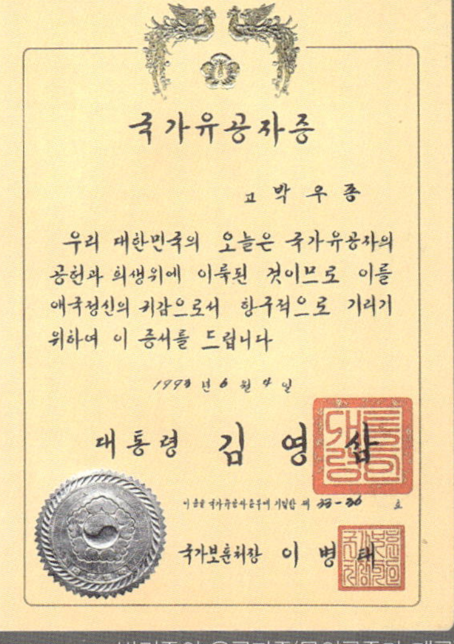
국가유공자증

고 박 우 종

우리 대한민국의 오늘은 국가유공자의 공헌과 희생위에 이룩된 것이므로 이를 애국정신의 귀감으로서 항구적으로 기리기 위하여 이 증서를 드립니다

1993 년 6 월 4 일

대통령 김 영 삼

이 증을 국가유공자 원부에 기입함 제 33-36 호

국가보훈처장 이 병 태

박경종의 유공자증(무의공종가 제공)

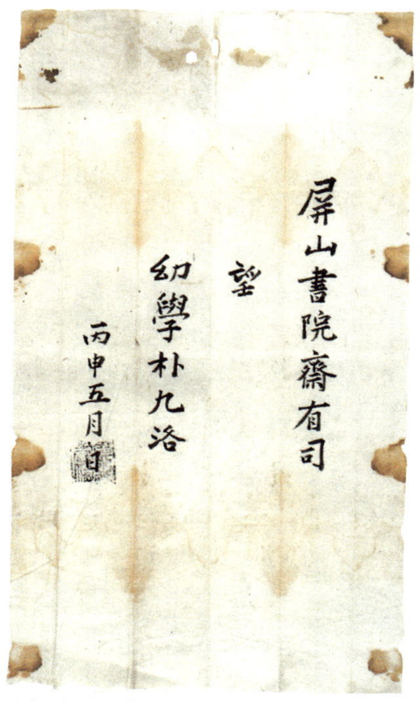
屛山書院齋有司
望
幼學朴九洛
丙申五月 日

박구락 병산서원 재유사 망기(무의공종가 제공)

에게 발각되어 열흘 정도 구류를 살기도 하였다고 한다.

1938년 병을 얻은 박경종은 부득이 환국하였다가 두 달 뒤 62세를 일기로 파란만장한 삶을 마감하고 세상을 떠났다. 대한민국 정부에서는 1977년에 대통령표창을 추서하여 그의 공훈을 기렸으며, 이어 1990년에는 건국훈장 애족장을 추서하였다. 그는 키도 크고 훤칠한 미남이었다고 한다. 서울을 오갈 때면 '동해 달이 서울에 떴다' 는 말을 들을 정도였다고 한다. 그를 기억하는 문중 어른의 회고담이다.

13대손 구락九洛(1907~1961)은 만주에서 활동하는 아버지와 어머니를 도와 하얼빈의 학교에서 교편을 잡다가 1931년 다시 고향으로 돌아왔다. 귀국 직후에 좌우합작 독립운동 단체인 신간회에 가입해 활동하기도 하였으나 곧 신간회가 해체되자 대외활동을 중단한 채 칩거생활을 이어갔다. 해방 후인 1946년에 영덕군 축산면장을 지냈고, 1957년에는 경상북도 도의원을 지내기도 하였다. 그런 한편 1956년에는 병산서원 유사, 1961년에는 성균관 사성司成을 지내는 등 유림활동에도 열정을 보였다. 특히 6 · 25전쟁 때는 좌우익의 사이에서 주선을 잘하여 다른 마을과는 달리 도곡동마을에서는 불필요한 희생자가 한 명도 나오지 않게 하였다고 한다. 그는 풍채가 장중하고 생각이 깊었으며, 주변으로부터 입지立志는 곧되 온화하고 처사處事는 온화하되 예리하였다는 평을 받았다.

14대손 동복東復(1942~1991)은 대학 졸업 후 한국전력공사에 입사하여 회사생활을 하던 중 종가를 지키기 위해 낙향하는 결단을 내렸다. 조부인 박경종의 독립운동 이력을 밝히고 선양하며, 종가의 가풍을 지키는 데 노력하였다. 현 종손인 15대손 연대淵大(1965년생)는 대학을 졸업한 후 서울에서 사업체를 운영하고 있다. 2005년 종택에 보존되어 있던 고서와 고문서를 위시한 유물 2,734점을 보존처리 및 연구자료로 제공하기 위해 한국학중앙연구원에 일괄 기탁함으로써 영구 보존의 길을 열었다.

2) 제2자 위와 그 후손들

제2자 위(1584~1607, 선조 17~선조 40)는 옥포해전의 명장으로 선무공신 3등에 봉작된 식성군息城君 이운룡李雲龍의 딸과 혼인하였으나 24세의 젊은 나이로 사망하였다.

아들 문도文度는 1630년(인조 8)에 비변사에서 인출한 『소학』 200권을 반급해 주기 위한 목적으로 개설한 임시 과거인 정시庭試에서 우수한 성적을 거두어 『소학』을 하사받았으나 급제로 연결되지는 못하였다. 이때 정시에서는 별도의 급제자를 선발하지 않고 장원부터 차하次下에 해당되는 사람에게 『소학』 한 부씩을 하사해 주는 데 그쳤기 때문이다.

손자인 휴烋와 서湑는 모두 다시 무과에 급제하여 가풍을 이었다. 증손자인 이상履相(1672~?)이 갈암 이현일의 문하에서 학문을 닦고 1710년(숙종 36) 39세 때 생원시에 급제함으로써 다시 가문에 문풍을 진작시키기 시작하였다.

3) 제3자 늑과 그 후손들

제3자 늑은 광해군 대의 무신으로 정묘호란 때 활약하였다. 당숙인 진장進長에게 출계하여 경수당慶壽堂 세순世淳의 뒤를 이었다. 1618년(광해군 10) 25세 때 무과에 급제하여 선전관, 회령판관, 오위도총부경력 등의 관직을 거쳤다. 오위도총부도사로 재임 시에 정묘호란을 당하여 인조를 모시고 강화도로 피난한 바 있다. 이듬해에 모친상을 당하여 고향에 돌아온 후 벼슬을 그만두고 학문연구와 후진양성에 주력하였다. 특히 이즈음 아우 선과 함께 우애를 다지면서 가문의 중흥에 골몰하였다. 만년에 집

근처에 금서헌琴書軒이란 집을 짓고 수천 권의 장서를 마련하여 후일 가문에 문풍을 진작시키는 기반을 닦았다.

또한 그는 가문에 문풍을 진작할 목적으로 혼인에도 각별히 유의한 듯하다. 아들을 의성의 아주신씨 신홍망申弘望의 딸과 혼인시켰는데, 신홍망은 신지제申之悌의 아들로서 문과에 급제한 아주신씨 가문의 중추적 인물이었다. 그리고 두 딸을 모두 재령 이씨에게 시집보냄으로써 이휘일李徽逸 · 현일玄逸 형제를 사위로 맞이하였다. 존재存齋 이휘일은 당대 석학으로 이름을 날렸으며, 특히 갈암葛庵 이현일은 이황李滉－김성일金誠一－장흥효張興孝로 이어지는 퇴계학통의 적전으로서 영남학계를 대표하는 유현儒賢으로 성장하였다. 영남학통에서 뚜렷한 족적을 남기고 있는 두 사람을 사위로 택함으로써 그의 집안은 사위들의 영향 아래 확실하게 문풍을 진작시키는 가문으로 급선회할 수 있었다.

늑의 손자 담潭은 존재와 갈암의 문인으로 학문을 닦았고, 숙潚은 갈암과 밀암 이재 부자의 문하에서 학문을 닦았다.

그리고 담의 아들 용상龍相(1680~1739)은 밀암의 문하에서 학문을 닦아 1721년(경종 1) 42세 때 진사가 되었다. 밀암은 용상을 가리켜 자신이 가르친 사람 중에 가장 뛰어나다며 칭찬하였다고 한다. 관직에 뜻을 두지 않고 고향에서 학문에 정진하는 한편 후학을 양성하는 데 힘썼다. 영남의 이름 있는 학자였던 김성탁金聖鐸 · 권상일權相一 · 이광정李光庭 등과 교유하였다. 『기헌선생문집

畸軒先生文集』이 세상에 전한다.

숙의 아들 두상斗相(1711~?)은 1741년(영조 17) 32세 때 문과에 급제하여 사헌부감찰에 이르는 성과를 거두기도 하였다.

4) 제4자 선과 그 후손들

제4자 선(1596~1669, 선조 29~현종 10)은 아버지 박의장이 경주부윤으로 재직할 당시 관아에서 태어났다. 1611년 16세 때 인동부사인 아버지의 치소에서 대학자인 여헌旅軒 장현광張顯光에게 나아가 학문을 배웠다. 장현광은 박선의 성실하고 바른 태도를 보고 칭찬을 아끼지 않았다고 한다. 성품이 착하고 온순하며 단아하고 근신하였다. 무의공이 경상좌수사로 재직할 때 좌수영 근처에 왜인들의 시장이 있어서 진귀한 물건이 많이 있었으나 취하여 가까이하지 않는 등 이미 남다른 데가 있었다. 그리하여 박의장도 "뒷날 문호門戶를 부지할 사람은 반드시 이 아이일 것이다"라고 하면서 기대하였다고 한다.

후에 하회의 풍산류씨 서애西厓 류성룡柳成龍의 손녀와 혼인하였다. 부인의 작은 아버지인 수암修巖 류진柳袗이 박선의 반듯한 인품을 높이 평가하여 질서로 삼은 것이었다. 이후 박선은 수암을 스승으로 모시고 학문을 닦았다. 수암을 사표로 삼아 의식儀式을 흠모하고 본받아 뜻은 격양하며 공손함을 간직했고 행실은 성실하고 돈독함에 힘썼다고 한다.

집 근처에 이오당二五堂이라는 조그마한 집을 짓고 스승인 수암의 가르침에 따라 더욱 독서와 실천에 힘을 쏟았다. 이오의 이는 음陰과 양陽을, 오는 오행五行을 가리킨 것이겠는데, 우주만물의 이치의 근원을 의미하는 것이다. '궁하더라도 올바름을 잃지 말라' 는 뜻의 '궁불실의窮不失義' 네 글자를 쓴 족자를 벽에 걸어 놓고 자신을 단속하였다. 1630년경에 현재의 영덕군 축산면 도곡리로 이거하면서 충효당을 신축하였다. 1644년에는 이미 세상을 떠난 만형 집안을 위하여 현재의 무의공종택을 건립해 주었다. 이는 만형의 둘째 아들 문기를 자신의 양자로 들인 것과도 무관하지 않은 것으로 추정된다.

박의장 관련 기록을 모아 『관감록』을 지어 선대의 위업을 정리하였고, 선대의 행적을 찾아 모아 글을 청하여 묘갈을 세우고 재사齋舍와 주방廚房을 지어 모든 의물儀物을 구비하였다. 예법을 상고하여 영해에 처음 터를 잡은 고조부를 부조위不祧位로 정하여 종족의 결속을 다졌다. 또한 선대의 분묘가 있는 곳의 지명과 형국을 자세히 기록하여 남김으로써 실전되지 않도록 조처하였으며, 제사의 예법에 대해서도 거듭 경계하는 글을 후손에게 남겼다.

무반가의 전통 위에 문반가로서의 전환을 위한 기반을 마련하기 위해서도 애썼다. 일찍 세상을 떠난 형들의 자식들을 자신의 자식 돌보듯이 하여 바르게 성장할 수 있는 울타리 역할도 하였다. 손자 호滈가 소과에 합격하였을 때 누구보다 기뻐하면서 한편으로 경계한 다음과 같은 말에서 세상을 사는 선비의 자세가 잘 드러나 있다.

> 사람의 집에 자손이 떨치고 일어나는 것은 반드시 겸양과 공손으로 이루어지고 쇠하고 실패하는 것은 반드시 교만하고 자만하여 스스로 취하게 되나니 어찌 두렵게 여기지 않겠느냐. 더구나 천지의 조화로 태어남에 다른 동물로 되지 않고 사람으로 되기가 어려우며, 이미 사람으로 되더라도 남자로 되기가 어려우며, 남자로 되더라도 선비로 되기가 또 어렵다. 다행히 이 세 가지의 어렵다는 것을 다 얻었으니 어찌 이 일생을 헛되게 지나쳐 버리겠느냐.[8]

또한 그는 일찍이 말하기를 "학문을 하는 데 차례가 있으니 아래로 인간의 사리를 배우고 나서 위로 하늘의 이치에 나아가야 한다. 사람들이 혹시 가까운 인간의 사리에는 소홀하면서 입으로만 하늘의 이치를 말한다면 이것은 외형인 명예만을 따랐으니 자신을 위한 학문이 아니니다"라고 하여 인간으로서 지켜야 할 기본 도리의 중요성을 강조한 바 있다. 행장을 쓴 정재定齋 류치명柳致明은 해안에 위치한 영해지방의 문화가 창달하지 못하였다가 한결같이 유교로써 문호를 세우게 된 것은 실로 박선의 계도에 힘입은 바가 크다고 그의 일생을 칭송하였다. 또한 장인 내외가 돌아가신 후대를 이을 아들이 없는 것을 안타깝게 여겨 조정에 진정하여 수암의 둘째 아들 백지百之를 후사로 세워 주는 한편, 자신이 처가로부터 받았던 전장과 노비들을 다 돌려주었다고 한다. 이것이 미담의 한 사례로 다른 사람의 본보기가 되었기 때문에 후대까지 많은 이들의 칭송을 받았다고 한다.

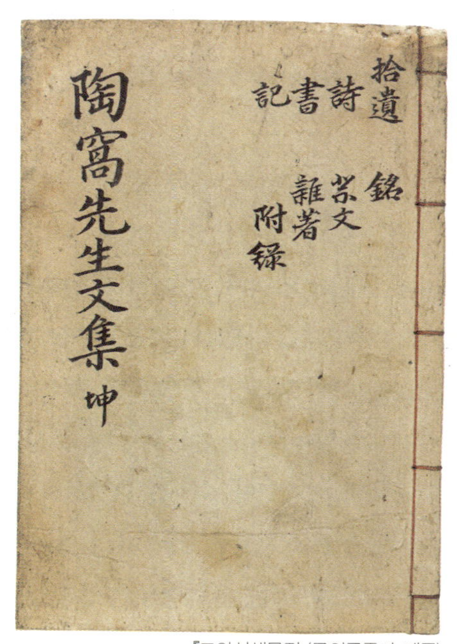

『도와선생문집』(무의공종가 제공)

만년에 경상도관찰사의 추천으로 동몽교관童蒙教官에 제수되었으나 사양하고 나아가지 않았다. 세상을 떠난 후 향중 선비들이 도계정사陶溪精舍를 지어 위패를 모시고 덕을 기렸다. 『도와선생문집陶窩先生文集』 4권 2책이 세상에 전한다.

손자 호는 12세에 석계 이시명에게 나아가 수학하였으며, 이를 계기로 이휘일·현일 형제와 더불어 강학을 하게 되었다. 장성해서는 학사鶴沙 김응조金應祖의 문하에서 학문을 닦았다. 1660년 36세에 진사시에 합격함으로써 문풍을 진작시키고자 한 조부의 여망에 부응하였다. 후에 학행으로 천거되어 경릉참봉에 제수되었는데, 당시 이현일이 이조판서인 인연으로 사포별검司圃別檢이 되었다. 이어 상의원별제尙衣院別提를 거쳐 공조정랑을 역임하기도 하였다. 종조부 박늑에 의해 혈연적 인연을 맺게 된 재령이씨 일문의 후원으로 출사가 순조로울 수 있었으나, 숙종 대 갑술환국甲戌換局으로 남인이 몰락함에 따라 낙향하게 되었다. 인근지역에 명망이 있어서 대사간에 이른 의성김씨 지촌芝村 김방걸金邦杰의 딸을 며느리로 맞이하여 가문의 격을 높이기도 하였다. 또한 그는 박의장의 후손들을 중심으로 하는 족계가 별도로 설립되어 운영되는 시점에서 후손들의 돈목을 강조하며 족계를 중수하고 서문을 지었다. 그는 서문에서 조상에 대한 추모가 중요하기는 하지만 그보다는 당대를 사는 후손들 간의 신의와 화목이 더욱 필요함을 강조한 바 있다. 『용재집慵齋集』 2권이 세상에 전한다.

주

1) 『국역 관감록』 3, 습유, 「나라에서 내린 제문」; 한국학중앙연구원, 『節義를 숭상하고 忠情에 뜻을 두다: 무안박씨 무의공후손가』(『명가의 고문서』 7, 2009), 105쪽.

2) 『국역 관감록』 3, 습유, 「묘지명」.

3) 『국역 관감록』 3, 습유, 「신도비명」.

4) 『국역 관감록』 속편, 부록, 「시장」.

5) 『국역 관감록』 3, 습유, 「묘갈명」.

6) 『국역 관감록』 속편, 증보, 「동도복성비명」.

7) 한국학중앙연구원, 『節義를 숭상하고 忠情에 뜻을 두다: 두안박씨 무의공 후손가』, 180~181쪽.

8) 『국역 도와선생문집』 4, 부록, 「행장」(류치명 찬).

淸愼舊宅

제4장 종가의 제례

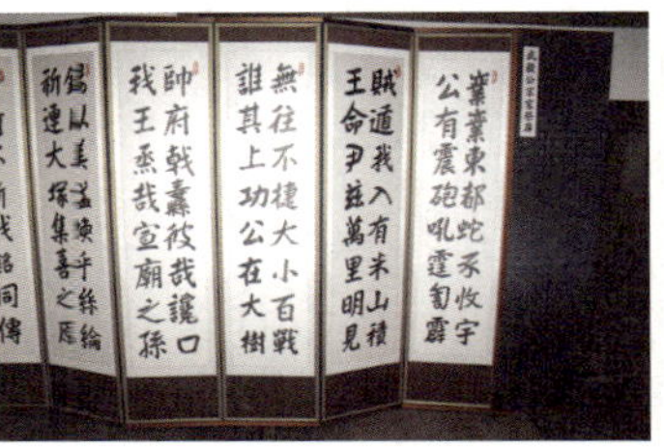

1. 제사의 규범과 관리

무의공종가의 제사 규범과 관리에 대한 규정이 만들어지기 시작하는 것은 그 아들 대부터이다. 그 내용은 박의장 내외가 모두 세상을 떠난 후 작성된 재산분배 문서에 잘 나타나 있다. 1631년에 작성된 박유 남매의 화회문기和會文記가 그것이다. 물론 이때는 장자인 박유와 차자인 박위는 이미 사망하고 없었기 때문에 나머지 생존한 아들들과 손자들이 실제로 참여하였다. 여기에는 다음과 같은 제사에 대한 규정이 마련되어 있다.

제사를 받드는 일이라면, '무릇 사대부로서 국가에 큰 공훈을 세운 경우에는 신위를 체천하지 않는다' 는 문구가 나라의 법전에 실려 있다. 아버지께서는 왜구들이 독기를 뿜어 대던 때를 당하시어 경주지역을 지키면서 위대한 훈업을 세우심으로써 조상을 빛나게 해 드리고 후손들의 복을 넉넉하게 해 주신 공로는 백세토록 제향을 받으셔야 마땅하다. 종손이 되는 자는 비록 친진親盡하게 될지라도 체천하지 말고, 사철의 기신제忌辰祭 등을 정성을 다해 모실 것이다. 그리고 봄·가을의 묘제는 묘전의 소출과 묘지기 노비를 사용하되 한결같이 『주자가례朱子家禮』를 따라 백세토록 폐지하지 말 것이다.[1]

임진왜란 당시 경주지역을 굳건히 지켜 큰 공훈을 세운 박의장이 국법에 의해 불천위로 지정되었음을 밝히고 당연히 백세토록 제향을 이어 가야 할 것을 천명하고 있다. 아울러 종손을 중심으로 철철이 있는 제사를 『주자가례』에 의거하여 받드는 데 소홀함이 없도록 할 것을 강조하였다. 이어서 제사를 위한 물적 기반에 대해서도 다음과 같이 밝히고 있다.

제사를 받드는 전토와 노비에 대해서라면, 신주를 체천하는 경우에도 그 전토와 노비를 마음대로 변동시켜서는 아니 되니, 비록 100구에 이른다 할지라도 다른 자손들에게 몫으로 나누어 줄 수 없다. 묘지기 노비에 대해서는 제사를 지낼 때 외에는 비록 봉사손일지라도 부릴 수 없다.…… 묘전에 대해서도

> 또한 이러한 취지에 따라 시행할 것이다. 이 문기 내의 각 항에 대해 완전히 합의하였으니, 종손도 만약 준수하지 않을 경우에는 다른 자손들이 일제히 회합하여서 불효의 죄로 논단하고 관가에 고하여 치죄할 것이다.[2]

제사와 분묘 관리를 위해 별도의 토지와 노비를 설정하였고, 그 재산이 그대로 유지될 수 있도록 만전을 기하였다. 특히 묘지기에 대해서는 종손도 목적 외에 마음대로 부릴 수 없도록 하여 선대 봉사의 엄격함을 강조하고 있다.

무의공종가의 세부적인 제사 규범은 손자 박문립에 의해 도곡리로 이거가 단행된 이후 구체적으로 마련되었다. 제사 규범은 대체로 퇴계 이황의 가법을 따랐음을 밝히고 있다. 무의공의 부인인 영천이씨의 외조가 바로 퇴계 이황의 친형인 이징인데, 영천이씨는 어렸을 때부터 퇴계 가문에서 성장하면서 배운 법도에 따라 제사를 지낼 수 있었다는 것이다. 그리고 무의공의 백부이자 어린 시절 양부였던 박세현의 부인이 또 이징의 딸이었다는 점을 들었다. 또한 무의공의 셋째 아들 박선이 류성룡의 손서인 관계로 인해 서애 류성룡이 정한 규범도 참고하였음을 밝히고 있다.

그 주된 내용은 묘제만 중시하고 사당 제사를 소홀히 하는 시속을 경계하는 것이었다. 민간에서 묘제를 중시하는 것은 가난하여 함께 거행할 수 없는 데서 나온 것일 뿐이라고 비판하였다. 그리하여 성묘는 봄과 가을에 하되, 가묘에는 춘하추동 사시四時에 대향大享하고 매월 삭망朔望에 참알參謁할 것을 강조하였다. 사시제의 강조는 당시 영남지역 사대부가에서 강조하던 『주자가례』에 입각한 제사 규범이었다. 무의공종가에서도 그러한 추세에 동참하기 위한 조처로 가묘의 설치와 사시제의 준행을 적극적으로 도입한 것으로 본다.

그리고 선대 분묘의 관리를 위해 재사를 건립하였다. 1636년경에 박선은 박영기와 박세렴의 분묘를 관리할 목적으로 초재椒齋를 건립하였다. 그리고 박의장의 분묘 수호를 위해 집희암集喜庵을 신축하였다. 1730년경에는 박인상을 중심으로 한 무의공 후손들의 노력으로 덕후루의 규모를 완전하게 갖추게 되었다. 이후 집희암에 토지와 노비를 유지하며 관리에 신중을 기하는 것은 물론, 소속 노비에 대해 관청의 징세가 있을 경우 면역을 청원하는 적극적인 대처를 하였다. 묘위답에 대해서도 규모 있는 운영을 위해 지속적으로 유지하거나 확충해 나가고 있었다.

이렇게 마련된 무의공종가의 제사 규범과 방식은 전통시대에는 대대로 면면히 잘 이어져 온 듯하다. 그러다가 근대로 접어드는 시점에서 일제 침략과 6 · 25전쟁과 같은 엄청난 충격이 나라 전체에 몰아닥쳤다. 무의공종가도 이러한 시대적 상황에 대응하는 과정에서 제사방식에도 일정한 변화가 일어날 수밖에 없었다. 더구나 현대로 접어들어 세상이 변하고 시속이 바뀌면서 그나마 지켜지던 전통적 제사방식도 변화할 수밖에 없었다.

현재 무의공종가의 일 년 제사는 다른 영남지역 종가의 경우와 거의 비슷하다. 기제사의 경우는 전 종손이 사망한 이후 2대 봉사로 축소하여 시행하고 있다. 현 종손의 조부모와 아버지의 기제사 도합 3번을 지내는 셈이다. 10년 전까지는 도곡리의 종택에서 지냈으나 지금은 서울에서 직장생활을 하는 종손의 형편을 고려하여 서울집에서 지내고 있다. 그리고 약 5년 전부터는 새벽 1시경에 지내는 제사를 저녁 8시경에 지내는 방식으로 바꾸었다. 도시생활에 맞추어 개선한 것이다.

무의공종가의 제사방식 개선은 훨씬 전부터 시작되었다. 현 종손의 증조부인 12대 종손 독립운동가 박경종이 상당히 개명한 탓에 자신의 대부터는 기제사를 양력에 맞추어 지낼 것을 당부한 이후로 종가는 지금까지 기제사를 양력에 맞추어 지내고 있다. 그리고 6·25전쟁 직후인 60년 전부터 신주 대신에 지방을 사용하였고 축문도 생략하였으며, 단헌單獻으로 간소화하여 제사를 지내고 있다.

설과 추석의 명절 차례는 도곡리 종택에서 지낸다. 사당 안에 교의와 제상을 차려 놓고 불천위만 신주를 모시고, 나머지 조상은 지방을 써서 모신다. 이때는 불천위에 대해서만 분향을 하고, 아랫대 조상에는 분향 없이 술잔만 올린다. 주요 제관들은 사당 마당에 서고 나머지 참석자들은 협소한 공간 탓에 부득이 사당 바깥에까지 설 수밖에 없다. 보통 50~60명 정도의 후손들이 참석한다. 후손들이 모두 각자의 조상에 대한 차례를 지내고 난 뒤에 마지막으로 종가 제사에 참석하기 때문에 거의 12시경이 되어야 지내게 된다.

묘사는 음력 10월에 지내는데, 불천위인 무의공의 묘사는 10월 10일로 날짜가 고정되어 있다. 그 외 조상들의 묘사는 해마다 적절한 날짜를 정해서 10월 중에 지낸다.

종가의 제사 중에서 가장 두드러진 것은 역시 불천위 제사이다. 도곡리 종택에서 전통적인 모습을 비교적 많이 유지하여 지낸다. 무의공은 나라에서 내린 불천위이다. 1622년 자헌대부호조판서로 추증追贈하는 교지가 내릴 때 교지에 첨기된 '명부조命不祧' 라는 문구에 의거하여 불천위 제사를 지내기 시작하였다고 한다. 현재 그 교지는 분실되고 없으나 불천위와 관련된 기록은 족보나 분재기 등에 그 흔적이 남아 있다. 불천위 고위 제사는 음력 1월 25일이고, 비위 제사는 음력 7월 17일이다. 부부의 신주를 함께 모시는 합설의 형태로 새벽 1시경에 지낸다. 요즘은 참석하는 제관이 약 30명 정도이다.

무의공종가는 6·25전쟁으로 한 차례 수난을 당하게 되었다. 식구들이 전쟁을 피해 울산 방어진까지 피난을 갔다가 돌아와 보니 포격에 따른 진동으로 인해 종택의 사랑채가 일부 기울

사당(무의공종가 제공)

불천위 신주(무의공종가 제공)

어지는 피해를 입었고, 특히 사당에 모셔져 있던 신주가 사당 바깥에 훼손된 채 방치되어 있어 부득이 땅에 묻었다. 불천위 신주는 임시로 땅에 감추어 갈무리하는 형식을 취하였고, 다른 신주는 영원히 땅에 묻게 되었다. 제사 때는 부득이 지방紙榜을 사용할 수밖에 없었다. 전쟁과 그 이후의 어수선한 사회 분위기 속에서 불천위 제사도 상당 기간 지내지 못하는 어려움이 있었다. 후일 안정을 되찾은 후에 불천위 신주만을 새로 만들어 사당에 봉안하게 되었다고 한다.

2. 불천위 제사

1) 제사 준비와 제청 마련

종가의 크고 작은 행사에 문중의 협조가 잘되고 있는 편이다. 행사가 있으면 집안 어른들도 적극적으로 참여하고, 또 안어른들도 모두 와서 돕는다. 종손이나 종부도 문중 사람들로부터 그런 인정을 받으면서 종가를 지키고 사는 보람을 느낀다.

불천위 제사에 들어가는 제수는 무의공 후손들의 문중 모임인 무의공 종회에서 제수 비용을 댄다. 문회장의 지휘 아래 유사 두 명이 며칠 전부터 영해 장에 나가서 제수를 사오는 등 준비를 한다. 종택이 위치한 도곡동은 마을 전체가 지금까지도 무의공

제수 준비(무의공종가 제공)

축문 작성(무의공종가 제공)

사랑채 대청(무의공종가 제공)

제기(무의공종가 제공)

향상(무의공종가 제공)

향로(무의공종가 제공)

의 후손들로만 구성되어 있다. 불천위 제사 때에는 이들 후손들이 대부분 참석하여 제사 준비를 돕는다. 그리고 원구리의 경수당 후손들도 불천위 제사에는 꼭 참석하고 있다.

제사를 지내는 곳은 종택 사랑채의 대청이다. 제사에 참석하는 사람들은 미리 와서 맡을 일을 분담한다. 따로 시도기時到記나 집사분정기執事分定記를 작성하지는 않는다. 제기와 제구는 제사 당일 갖춘다. 천장에 치는 휘장인 앙장仰帳은 마련하지 않는다. 병풍을 두르고, 신주를 모시는 교의交椅를 마련한 후 제상을

병풍(영남문화연구원 제공)

펴고 촛대를 놓는다. 그 앞쪽에 향상香床을 두고 향로와 향합香盒, 축판祝板을 올리고, 모사기茅沙器와 퇴주기退酒器를 아래에 놓는다. 모사기에는 모래는 없이 솔잎만을 넣어서 사용한다. 그 유래는 정확하게는 모르나 예전부터 그리하였다고 한다.

무의공종가는 3년 전부터 특별히 제작한 병풍을 제사에 사용하고 있다. 오래전부터 사용하던 병풍은 6·25전쟁을 거치면서 일부가 훼손되었고, 그것마저 또 후에 도둑을 맞아 분실하였다고 한다. 그래서 일반적인 병풍을 써 오다가 3년 전에 새로 장만하였다고 한다. 문중의 어른인 박동욱의 제안으로 번암 채제공이 쓴 무의공의 묘갈명을 8폭 병풍으로 만들어 사용하고 있다. 글씨는 13대 종손 박구락의 사하생査下生이기도 한 의성김씨 지촌 종손인 김구직이 아흔을 바라보는 나이에 쓴 것이다. 풀이하면 대개 다음과 같은 내용이다.

하늘에는 액운이 있으니 운수가 이르면 어찌 할 수 없는 것이지만
반드시 준걸스러운 인물을 낳아서 나라를 보호하게 하는 것이다.
임진년에 왜적이 나라를 짓밟을 때에
경주 옛 도읍이 독사 굴이 되었더니라.
공이 터뜨린 진천포가 벽력이 되어 울렸으니,
적이 달아나고 아군이 들어감에 쌓여 있는 쌀이 산과 같았다.
부윤으로 보낸 임금님의 지혜는 만리의 앞일을 내다보았네.
백번 크고 작은 싸움에 크게 이기지 못한 때가 없었으니,
누가 그 상공上功이냐 대수장군大樹將軍[3]의 공이었더라.
더구나 창으로 찌르듯이 해치려는 참소까지 받았어라.
어지신 우리 임금은 선조대왕의 손자이시라
시호를 내리시니 빛나는 그 뜻이다.
우뚝한 큰 무덤이 집희암 둔덕이라,
황하수 끊임없듯 나의 명銘도 전하리라.

제상(무의공종가 제공)

2) 진설

제사는 새벽 1시경에 지내기 때문에 12시 40분쯤이 되면, 주인 이하 집사자가 손을 씻고 준비한 제수를 차례로 제상에 진설한다. 준비한 음식을 제상 위에 공간을 봐 가면서 적절하게 놓기 때문에 정확하게 열을 짓지는 못하지만 대개 5열로 구성이 된다. 신주 쪽에서 볼 때 가장 먼 위치인 5열부터 진설하기 시작한다. 5열은 과일 종류로 조율이시棗栗梨柿의 순서로 올리고, 그 외 호두 · 사과 · 수박 · 유과를 차례로 올린다. 4열은 나물 · 채소류를 올린다. 김치 · 장물 · 고사리와 같은 흑채, 콩나물이나 무와 같은 백채, 푸른 채소 등이 오른다. 제3열에는 포 · 도적 · 쌈으로, 천엽 · 자반 · 생고기로 만든 편적, 밥에 고기를 넣어 삭힌 식해 등이 오른다. 제2열은 육탕 · 계탕 · 어탕 · 채탕 · 문어탕으로 5탕을 올린다. 제상의 오른쪽에는 떡을 풍성하게 쌓아올린 편이 배치된다. 편청이라 하여 조청을 종지에 넣어 편 위에 올린다. 제1열은 메와 갱을 올리고, 술잔과 시접을 적절한 공간에 둔다. 요즘은 대부분 음식을 진설 때에 다 올리고, 더운 음식인 메와 갱만 진찬 시에 올린다.

불천위 신주(무의공종가 제공)

사당 내부(영남문화연구원 제공)

출주고사(영남문화연구원 제공)

출주(무의공종가 제공)

3) 출주

1차 진설이 끝나고 나면 주인이 집사와 축관을 대동하여 사당으로 가서 신주를 모셔 오는 것을 출주出主라고 한다.

사당은 종택 오른쪽 뒤편에 자리 잡고 있다. 내부에는 불천위 감실만 자리를 지키고 있다. 주인과 집사자가 모두 들어가서 주독을 감실 밖으로 꺼낸 후 종손이 분향하고 부복하면 축관이 고유문을 낭독한다. 출주고사는 신주를 모셔 가기를 청하는 고유문이다. 무의공종가의 고유문은 아래와 같다.

今以

顯十五代祖考 遠諱之辰敢請

顯十五代祖考 贈資憲大夫户曹判書兼知義禁

府事五衛都摠府都摠管行嘉義大夫慶尙左道

兵馬節度使兼蔚山都護府使謚武毅公府君

顯十五代祖妣貞夫人永川李氏

神主出就廳事恭伸追慕

이제 현15대조고께서 돌아가신 날이므로 감히 청컨대 현15대조고 증 자헌대부 호조판서 겸 지의금부사 오위도총부 도총관 행 가의대부 경상좌도병마절도사 겸 울산도호부사 시 무의공부군의 신주와, 현15대조비 정부인 영천이씨의 신주를 대청으로 모셔서 삼가 추모하는 마음을 펴고자 합니다.

출주고사가 끝나면 주인은 감실에서 고위와 비위의 신주독을 거두어 안고 청사로 모시고 나간다. 제청에 이르러 집사자가 주독을 열고 신주를 내어서 교위에 모시고 신주갑을 벗기는데 이를 계독이라 한다.

고위의 신주에는 "顯先祖考贈資憲大夫戶曹判書兼知義禁府事五衛都摠府都摠管行嘉義大夫慶尙左道兵馬節度使兼蔚山都護府使諡武毅公府君神主"라고 작은 글씨로 한 줄로 종서되어 있으며, 비위의 신주에는 "顯先祖妣貞夫人永川李氏神主"라고 한 줄로 종서되어 있다. 각각의 신주의 왼쪽 아랫부분에는 "十五代孫淵大奉祀"라고 하여 봉사자인 종손을 표기하고 있다. 무의공종가의 경우에는 출주고사에 볼 수 있듯이 고위와 비위를 함께 모시는 합설의 예를 따르고 있으며, 진설도 합설하여 모신다.

4) 참신과 강신

신주를 교의에 모시고 난 후 집사자가 제사의 순서를 적은 글인 홀기笏記를 부르며 제사를 진행한다. 먼저 참신參神이다. 참신은 주인 이하 제사에 참석한 이들이 조상을 맞이하는 의식이다. 제사에 참여한 사람들의 자리가 정해지면 제사에 참석한 전원이 신주를 향하여 두 번 절을 한다. 이어 따뜻한 음식을 올리는 진찬進饌으로 밥과 국을 올린다.

다음으로 강신降神은 하늘의 혼魂과 땅의 백魄을 제청으로 인도하는 의식이다. 향을 사름으로써 하늘의 혼을 불러 오고 모사기에 술을 따름으로써 땅의 백을 모셔온다는 의미이다. 참신을 마친 주인이 향안 앞으로 나아가 좌우집사의 도움을 받아 먼저 향불을 피운다. 그리고 잔을 쥐고 대기하고 있으면 우집사가 술을 채우는데, 주인은 그 잔의 술을 모사 위에 붓는다. 그리고 신주를 향하여 두 번 절하고 자신의 자리로 돌아간다.

5) 초헌

종손이 첫 잔을 신위에게 올리는 것이 초헌初獻이다. 주인이 북향하여 무릎을 꿇고 앉으면 좌집사가 잔을 내려 주인에게 주고, 이어 우집사가 술을 따르면 주인이 술잔을 들어 읍한 후 좌집사에게 주어 제자리에 올린다. 『국조오례의國朝五禮儀』와 『가례의절家禮儀節』의 방식으로, 무의공종가에서도 이 방식을 따른다. 종가에 따라서는 종손이 직접 신위전에서 잔을 내리고 술을 받아 다시 신위전에 올리는 방식을 취하기도 하는데, 이는 『주자가례』와 『사례편람』의 방식을 따른 것이다. 무의공종가에서 사용하는

초헌례(위: 무의공종가 제공, 아래: 영남문화연구원 제공)

독축(무의공종가 제공)

술잔은 중국 고대의 제기의 모양을 본떠서 만든 세발 달린 놋쇠 술잔인 작爵을 사용하고 있다. 이어 독축이 이어진다. 기일을 맞아 제사를 지내니 신들은 흠향하라는 내용의 축문을 읽는 것이다. 초헌관과 참여한 제관이 모두 부복한 가운데 축관이 축문을 들고 초헌관의 왼쪽에서 동향을 하고 꿇어앉아 독축을 한다. 2013년 1월 25일 불천위 제사 때의 축문의 원문과 해석은 아래와 같다.

維歲次癸巳一月丁未朔二十五日辛未

十五代孫淵大敢昭告于

顯十五代祖考資憲大夫户曹判書兼知義禁府事

五衛都摠府都摠管行嘉義大夫慶尙左道兵馬節

度使兼蔚山都護府使諡武毅公府君

顯十五代祖妣貞夫人永川李氏歲序遷易

顯十五代祖諡武毅公府君諱日復臨追遠感時

不勝永慕謹以淸酌庶羞恭伸奠獻 尙

饗

유세차 계사년 1월 정미삭 25일 신미에 15대손 연대는 감히 현15대조고 자헌대부 호조판서 겸 지의금부사 오위도총부도총관 행 가의대부 경상좌도병마절도사 겸 울산도호부사 시 무의공부군과 현15대조비 정부인 영천이씨에게 밝게 아뢰옵니다. 해가 바뀌어서 현십오대조 시 무의공부군의 기일이 다시 돌아옴에 시간이 지날수록 느꺼워 길이 사모하는 마음을 이길 수가 없습니다. 삼가 맑은 술과 여러 가지 음식으로 공경히 제사를 올리오니, 흠향하시옵소서.

독축이 끝나면 제관들은 모두 일어나고 초헌관은 약간 뒤로 물러서 두 번 절하고 난 후 제자리로 돌아간다. 좌우집사는 술잔을 내려 술을 퇴주기에 비운 후 다시 본래 자리에 둔다.

6) 아헌과 종헌

아헌은 두 번째 잔을 올리는 것이고, 종헌은 세 번째로 마지막 잔을 올리는 것이다. 무의공종가에서 아헌과 종헌에 대해 특별히 따로 정해 놓은 규칙은 없다. 대개 지파의 주손이나 나이가 많은 연장자로 하여금 담당하게 하고 있다. 외부에서 귀한 손님이 참사한 경우에는 외빈이 종헌을 하기도 한다. 이로써 문중의 결속을 자연스럽게 유도하였다.

집사자가 아헌관에게 잔을 건네고 술을 채운다. 아헌관이 좌집사에게 건네면, 좌집사가 신위 앞에 올리고, 우집사도 마찬가지이다. 이어 자반을 안주로 올린다. 아헌관이 일어나 조금 물러서서 두 번 절한 후 자신의 자리로 돌아간다. 이어 집사가 술잔을 비우고 종헌을 준비한다.

종헌은 아헌과 마찬가지 방식으로 한다. 다만 종헌 때에는 술을 조금 덜어낸다. 종헌관은 술잔의 술을 세 번 조금씩 제한 다음 좌집사에게 전하고, 이를 좌집사가 받아서 제상에 올린다. 우집사의 경우도 마찬가지이다. 이어 종헌관이 두 번 절하고 물러나 제자리로 돌아간다. 그리고 초헌과 아헌 때에는 다음의 헌작을 위해 바로 술을 퇴주기에 물리지만, 종헌의 경우에는 유식례를 위해 그대로 둔다.

7) 유식과 진다

유식侑食은 신에게 음식을 드시도록 권하는 의식이다. 첨작添酌과 삽시정저揷匙正箸로 이루어진다. 첨작은 주인이 식사를 권유하는 의미로 잔에 술을 더 채우는 것이다. 종가에 따라서 첨작용 술병을 쓰기도 하고, 첨작용 잔을 따로 마련하기도 하며, 메 뚜껑에 술을 따라 잔을 채우기도 한다. 무의공종가에서는 종손이 제상 앞에 꿇어앉아서 좌우집사가 제상에서 가져온 술잔에 조금씩 세 번에 나누어 첨잔하여 다시 제상에 올리게 하고 있다.

삽시정저는 메에 숟가락을 꽂고 젓가락을 바로 놓는 것을 말한다. 무의공종가에서는 이때 집사자들이 메가 담긴 그릇의 뚜껑을 열고 숟가락을 꽂는다. 이어 젓가락을 국 대접 위에 걸쳐 놓는다. 삽시정저를 하고 나면 주인이 두 번 절하고 물러난다.

제청에 문이 있는 경우에는 제관들이 문을 닫고 나가서 그 밖에서 부복해야 하지만, 무의공종가에서는 제청의 사정상 조금 물러서 부복하는 형태를 취한다. 보통 구식경九食頃이라 하여 밥을 아홉 숟가락 먹을 수 있는 정도의 시간을 대기하는데, 2~3분 정도 지난 후 축관이 '애흠' 소리 세 번을 하면 제관들은 부복한 자세에서 일어선다.

삽시정저(무의공종가 제공)

부복(무의공종가 제공)

이제 식사가 끝났으므로 식사 후에 숭늉을 마시는 것처럼 국을 물리고 차나 숭늉을 올리는데, 이것을 진다進茶라고 한다. 진다는 『주자가례』에 보이는 의식인데, 차가 흔했던 중국에서는 당연한 의식이었지만 차가 귀한 우리나라에서는 차를 올리기가 쉽지 않았다. 그래서 차 대신 숭늉을 만들어 올리거나, 숭늉의 의미로 냉수를 올려 거기에 밥을 세 번 떠서 마는 것으로 숭늉을 대신하고 그릇 안에 숟가락을 걸쳐 놓는다. 무의공종가의 경우에도 냉수를 올린다. 이후에 숭늉을 드실 시간을 드리기 위해 잠시 몸을 굽혀 대기한다. 이어 집사자가 숟가락과 젓가락을 시접匙楪에 내려놓고 메 뚜껑을 비롯하여 뚜껑 있는 그릇의 뚜껑을 닫는다.

이어 집사자가 신주에 도자韜藉를 씌우고 주독主櫝의 뚜껑을 닫는다. 그리고 축관이 주인에게 가서 제례가 끝났음을 알리는 의미로 '이성' 이라고 세 번 고하는 고이성告利成을 행한다.

8) 사신

사신辭神은 제사를 마치고 조상을 떠나보내는 의식이다. 주인 이하 참석자 전원이 일제히 두 번 절한다. 그리고 집사자가 제상 위의 술잔을 퇴주기에 비우고, 이어 축문을 불사르는 분축焚祝을 행한다. 분축이 끝나면 주인은 집사를 대동하여 신주를 정중히 모시고 사당으로 올라가서 감실에 원래대로 모셔 놓고 두 번

음복(무의공종가 제공)

절한 후 나온다.

제상의 음식을 모두 치우는 철찬撤饌이 이루어지고, 음식을 나누어 먹는 음복이 이어진다. 무의공종가에서는 일반 기제사 때와는 달리 불천위 제사만큼은 음식을 밖으로 내보내지 않고 제사에 참석한 제관만 음복할 수 있도록 조처하고 있다. 참석한 제관에게만 특별한 기회를 제공함으로써 자연스럽게 참석을 유도하는 면이 있는 것으로 생각한다.

3. 제사 음식

무의공종가에서는 다른 종가와 비슷한 일반적인 제수를 마련하고 있지만, 그 가운데 약간의 특색이 있다. 먼저 제사에 사용하는 술이다. 노종부가 처음 시집을 왔을 때만 해도 시어머니가 백일주를 담갔다고 한다. 말 그대로 만드는 데 백 일 정도가 걸리기 때문에 백일주라고 하였다. 좁쌀을 이용하여 1차로 술을 만든 다음 거기에 쌀과 누룩을 섞어 다시 술을 담그는 형태로, 두 번 술을 담그는 독특한 방식이다. 그것을 독에 담아 땅 속에 묻고 석 달을 묵힌 후 용수를 박아 첫 번째로 뜬 맑은 술을 제주로 사용하였다. 나머지 술은 손님 접대용으로 사용하였다고 한다.

노종부도 시어머니에게서 백일주 담그는 법을 배워 한동안

하기도 하였다. 그러나 번거롭기가 그지없어 계속하지 못하고 약식으로나마 찹쌀과 멥쌀로 청주를 직접 담가 제주로 사용하였다고 한다. 찹쌀과 멥쌀을 반씩 섞어 고두밥을 찐 다음 완전하게 잘 식힌 후 엿기름과 누룩을 넣어서 방 아랫목에 이삼일 정도를 두면 술이 버글버글 끓게 된다. 그때 찹쌀과 멥쌀을 같은 비율로 하여 만든 감주를 그 술에 들어부은 후 다시 이삼일을 두었다가 밖에 내놓으면 말간 물이 생기게 된다. 여기에 용수를 박아서 청주를 뜨게 된다. 기간은 백일보다는 훨씬 짧아져서 7일 정도 걸렸다고 한다. 3년 전까지만 해도 노종부는 집에서 청주를 담아 제주로 사용하였다. 2년 전부터는 그마저도 어려워 집에서 술을 담그지 못하고 후손이 하는 술도가에서 제조한 탁주를 이용하고 있다. 현 종부에게 청주 만드는 법을 전수하려고 마음먹고 있지만 그것이 쉽지만은 않은 듯하였다.

그리고 유과油果도 직접 집에서 만들던 시절이 있었다. 일단 완성한 유과 위에 오색 물을 들여 튀긴 쌀 등을 이용하여 글자를 써 넣기도 하였고, 또는 매화를 그려 넣기도 하였다고 한다. 그러한 것은 이제 기억의 한편에 자리 잡고 있을 뿐이다. 약과藥果도 행사 때마다 만들곤 하였다. 술안주로도 자주 내던 것이었다. 그렇게 달지 않으면서도 구수한 맛이 좋았다. 설탕, 물엿, 계핏가루, 밀가루, 생강, 잣, 식용유의 일곱 가지 재료를 잘 섞어 반죽을 만든 다음 편평하게 펴서 먹기 좋은 크기로 모양을 만든 후에 기

사당 앞의 배롱나무(무의공종가 제공)

름에 튀겨서 물엿과 참깨를 고루 묻히면 구수하고 담박한 맛의 약과가 완성되었다. 지금은 역시 하기 힘들다고 한다.

불천위 제사 때 제상을 풍성하게 만드는 음식은 역시 집산적集散炙과 떡이었다. 집산적은 쇠고기와 인삼, 그리고 각종 야채 여럿을 적절히 잘라서 대나무 꼬챙이에 꿰어 구운 것인데, 그 크기는 일반 산적과는 비교가 되지 않을 정도로 컸으며, 또 그것을 높이 쌓아 올려서 제상을 풍성하게 만들었다. 떡도 흰떡에 고물을 묻힌 본편을 넉넉하게 쌓은 다음 그 위에 올리는 잔편으로는 쑥떡, 잡곡떡, 참깨와 꿀떡, 여러 종류의 콩고물을 묻힌 떡 등 일곱 가지의 떡을 모양과 색깔을 좋게 만들어서 풍성하게 쌓아 올렸다. 역시 제상을 풍성하게 만드는 것으로, 종가의 자존심과 같았다.

음력 7월 17일의 불천위 비위 제사 때는 지금도 특별한 음식을 준비한다. 사당 앞에 백일홍이라고도 불리는 커다란 배롱나무 두 그루가 나란히 있는데, 7월은 발그스레한 배롱나무꽃이 한창 필 때인 것이다. 그래서 언제인가부터는 확실하지 않지만, 배롱나무 꽃잎을 따서 화전을 곱게 부쳐 특별히 제사상에 올려 왔다고 한다. 불천위 내외가 매년 즐거운 마음으로 그 맛을 음미하면서 흠향할 듯하다.

주

1) 한국학중앙연구원, 『節義를 숭상하고 忠情에 뜻을 두다: 무안박씨 무의공 후손가』(『명가의 고문서』 7, 2009), 48~51쪽.
2) 한국학중앙연구원, 『節義를 숭상하고 忠情에 뜻을 두다: 무안박씨 무의공 후손가』, 48~51쪽.
3) 後漢의 장군 馮異를 가리키는데, 光武帝를 도와 후한을 건국하였다. 책 읽기를 좋아하여 병서와 사서에 조예가 깊었다. 軍中에서 서로 공을 다툴 때마다 자리를 피해 나무 아래로 갔다 하여 대수장군으로 불렸다.

清慎齋宅

제5장 종가의 건축문화

1. 무의공종택과 관련 건축물

1) 종택

종택은 경상북도 영덕군 축산면 도곡리 127번지에 소재하고 있다. 본래 영해부 남면지역으로 독을 구웠으므로 독골 또는 도곡이라 하였다. 현 종택은 1644년 무의공의 넷째 아들 선璿이 맏형인 유瑜의 집 식구들을 위해 건립하였다고 한다. 건립 시에 이미 유는 사망하고 없었기 때문에 종가를 위한 배려였다고 할 수 있겠다. 1942년에 대문간채를 다시 세웠고 1978년과 1993년에 국비로 중수한 바 있다. 1987년에 경상북도 민속자료 제74호로 지정되어 보호되고 있다.

종택 원경(무의공종가 제공)

항공 촬영한 무의공종택(무의공종가 제공)

종택 대문채(무의공종가 제공)

종택은 도곡(가마골) 북쪽의 야산을 뒤로 하고 앞의 들을 내려다보며 남향으로 배치되었다. 전체적인 건물 구성은 대문채, 사랑채, 정침, 내삼문, 사당으로 구성되어 있다. 전체적으로 ㅁ자형의 총 47칸으로 구성되어 있다.

솟을대문이 있는 대문간채는 좌측에 문간방, 부엌, 마구간이 달려 있고, 대문채 우측에는 문간방, 창고, 화장실이 설치되어 있다. 대문을 들어서면 반듯한 마당이 나온다. 남향한 안채 우측으로 번듯한 사랑채가 독립된 듯이 앉아 있다.

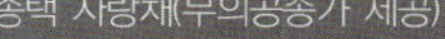

종택 사랑채(무의공종가 제공)

청신구택 현판(무의공종가 제공)

종택 안채(무의공종가 제공)

사랑채는 정면 3칸, 측면 2칸의 겹집으로 팔작지붕을 하고 있다. 사랑방이 남북 2칸을 차지하고 나머지 4칸이 사랑대청이다. 사랑방과 사랑마루는 전면으로 1칸을 돌출시키고 하부에는 기둥을 세워 누樓와 같은 느낌이 들게 하였다. 사랑채 대청에는 박의장의 호를 딴 청신구택淸愼舊宅이라는 현판이 걸려 있다. 사랑방 뒤로 곳간채 3칸이 있고, 사랑방 좌측으로 책방과 부엌이 연속되면서 중문에 이른다.

안채는 정면 7칸, 측면 2칸 규모의 맞배지붕이다. 6칸 규모의 우물마루 대청을 중심으로 좌측에는 2칸의 안방과 부엌을 두고 우측에는 2칸의 상방을 배치하였다.

안채의 우측 뒤편에 무의공의 불천위 사당이 독립된 담장 안에 위치해 있다. 사당은 정면 3칸, 측면 2칸 규모의 초익공계 건물로, 박공면에는 풍판을 달았다. 사당 문 밖에는 잘생긴 백일홍나무가 오랜 세월을 지키고 있다.

전체적으로 건물 구석구석의 구조와 처리에 고급스러운 솜씨가 발휘되어 있으며, 안채 창문의 중간 설주 흔적이나 사랑 대청의 파련대공波蓮臺工 등에서 조선 중기의 건축기법을 발견할 수 있다.

바깥마당과 사당 담장 안쪽에 각각 커다란 회화나무가 한 그루씩 잘 자라고 있다. 언제 누가 심었는지는 확실하지 않은데, 집안에서는 아마 박선이 심었을 것으로 짐작하고 있다. 회화나무

종택 마당 앞 회화나무(영남문화연구원 제공)

는 학자를 상징하는 나무인데, 집안에 선비가 배출되기를 기대하는 마음을 담아 심었다고 생각한다.

2) 구봉서원

구봉서원九峰書院은 무의공 박의장과 목사공 박홍장 형제를 모신 서원이다. 경상북도 영덕군 영해면 원구동 576-1번지에 위치해 있다.

1665년(현종 6)에 건립된 구봉정사가 박의장이 시호를 받은

구봉서원(무의공종가 제공)

직후인 1785년(정조 9)에 구봉서원으로 승격되었다. 구봉정사는 영해의 유림이 농은聾隱 백동현白東賢을 중심으로 공의를 모아 창건하였는데, 경내에 정충사精忠祠를 지어 도사都使 박종문朴宗文과 박의장·박홍장 형제를 제향하였다. 박종문은 야성박씨로 박의장의 외선조인데, 뒤에 충렬사로 이봉하였다. 구봉정사 상량문은 항재恒齋 이숭일李嵩逸이 짓고 봉안문은 학사鶴沙 김응조金應祖가 지었다. 이숭일은 상량문에서 다음과 같이 박의장의 공적을 기렸다.

판서 박공은 산서山西의 이름 높은 가벌이요 이 나라에 방패와 성이로다. 충신과 공로는 왕의 군대로서 분개하던 날에 나타났고, 권모權謀와 방략方略은 관군으로서 전투하던 날에 드러났다. 경주 고을 백만의 생명이 공의 힘으로 살았으니 영남지방 한 길을 막음이 그 누구의 힘이런가? 그 공덕 다투어 송축하니 누구나 추대하여 말지 않더라.[1]

구봉서원으로의 승격은 1784년(정조 8)에 박의장에게 무의공이라는 시호가 내리자, 영해 사림과 도 유림에서 서원으로의 승격을 공론화하고 영해부사 홍언철의 적극적인 지원으로 1785년(정조 9)에 비로소 이루어졌다. 이때 영해부사는 구봉서원에 대한 세금 면제와 각종 제물祭物 지원을 인정하는 완문을 발급해 향후 안정적인 서원 운영을 지원하였으며, 무안박씨 문중에서도 운영에 필요한 토지와 노비를 지원하여 힘을 보태었다.

서원 건물은 묘우인 정충사를 비롯하여 강당인 돈전당惇典堂과 동·서재인 정의재正義齋와 일성재一誠齋, 누각인 망일루望日樓, 하인청과 같은 부속건물이 있었다. 1771년 조정으로부터 원생을 배정받았고, 1785년부터 영해부의 지원으로 각종 의식과 규범을 정비하는 한편 서원재산의 세금 면제와 제물 등을 지원받았으며, 원생의 신역도 면제받게 되었다. 구봉서원은 단산서원丹山書院과 더불어 영해의 대표적인 서원으로서 선비들의 교유와 강학처로

구봉서원 현판(무의공종가 제공)

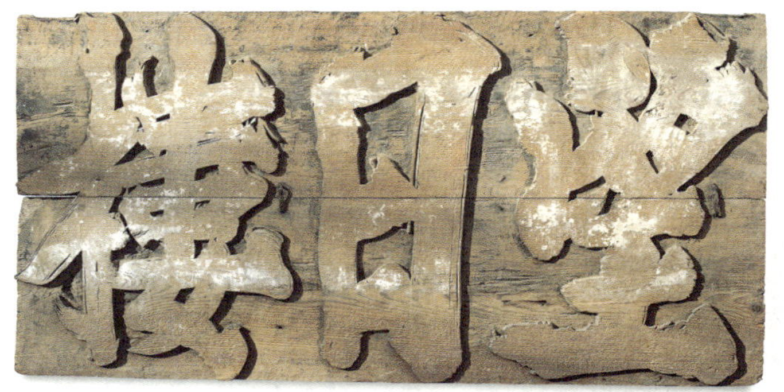

구봉서원 망일루 현판(무의공종가 제공)

서의 중요한 위치를 점하고 있었다.

1886년(고종 5)에 서원훼철령에 의하여 훼철되었다. 현재 서원의 유적지에는 건물의 주춧돌과 부속건물 한 동이 보존되어 있으며, 구봉서원 현판과 망일루 현판이 남아 있다. 1970년에 도비보조로 일부 보수하였다. 무의공의 15대 종손인 박연대를 중심으로 한 영해 유림에서 서원복설위원회를 설립하여 서원의 재건을 추진하고 있다.

3) 집희암과 덕후루

무의공의 재실이다. 경상북도 영덕군 창수면 수리 454번지에 위치해 있다. 건립연대는 확실하지 않으나 구조양식으로 보

집희암과 덕후루(무의공종가 제공)

아 집희암集喜庵은 1600년대 이전, 덕후루德厚樓는 1700년대의 건물이다. 현손 박이상의 주관으로 한 차례 증축되었으며, 이어 박인상에 의해 1730년경에 덕후루를 갖춘 완전한 규모로 완성되었다. 집희암 뒤쪽에도 건물이 있어서 전체로 日자 모양을 이루었던 것을 근년에 철거하였다. 1987년 경상북도 유형문화재 제234호로 지정되어 보호되고 있다.

집희암(무의공종가 제공)

전체적으로 동남향의 ㅁ자 건물로 배치되어 있다. 앞채가 一자형 다락집인 덕후루이고, 뒤채가 ㄷ형 단층집인 집희암과 양쪽 익사翼舍로 구성되어 있다.

집희암은 중앙 6통칸 방과 우측에 2통칸의 마루방, 좌측에 4통칸의 방앗간으로 이루어져 있다. 양쪽 익사는 지붕을 낮게 꾸민 부속사로 온돌방과 부엌들로 구성되어 있다. 집희암의 창문 중간설주 등은 재사건축의 형성연구에 좋은 자료로 주목되고 있다.

무의공의 손서인 존재存齋 이휘일李徽逸은 집희암 재사의 풍광을 다음과 같이 노래한 바 있다.[2]

첩첩 산중에 작은 희암 있으니 萬疊中藏一小菴
저녁에 앉아 있으니 산기운 날리네. 此坐夕者是飛嵐
푸른 창 깊은 곳에 바둑 끝났는데 碧牕深處仙棊罷
송학松鶴이 몇 번 소리 내어 우네. 松鶴付來聲數三

덕후루는 재사의 정면을 이루었는데, 7칸 중 양 툇간에는 누

덕후루 현판(무의공종가 제공)

상에 온돌방을 시설하였고, 중앙 부분은 누하에 출입대문을 내고, 협칸과 다음 협칸은 통칸의 수납공간으로 사용하고 있다. 누상은 모두 우물마루를 깔고 내부 쪽은 개방하여 난간을 돌리고 정면에는 각 칸 판벽의 중앙에 양개널문을 달았다. 누각의 당호를 덕후라고 한 것은 『논어論語』 「학이學而」에 나오는 증자曾子가 말한, "어버이 상을 당했을 때 장례를 신중하게 행하고 먼 조상들을 정성껏 제사 지내면 백성들의 덕성이 한결 돈후해진다"라고 한 데서 취한 것이다.

박용상朴龍相은 덕후루 기문을 지어 저간의 사정을 기록하는 한편, 재사를 꾸미는 데 치중하지 말고 제향을 효성스럽게 올리는 본질에 충실할 것을 다음과 같이 당부하였다.

> 아! 이 누각은 서편으로 선조의 무덤을 마주하여 아침저녁으로 가까이하니 울창한 나무와 높다란 언덕을 바라보고 있다. 선조의 덕이 두텁게 누적됨과 후손이 어렵게 보수함을 생각하면, 사람으로 하여금 초연히 먼 조상들을 추모하는 마음을 가지게 하고 유연히 근본에 보답하는 생각을 일으키게 한다. 하물며 우리 선조의 위대한 훈업과 무성한 공렬, 정성을 다하신 충과 효는 모범으로 더욱 불어나 후손들이 본받는 바가 되어 스스로 보고 느낌이 있을 것이다. 적이 바라건대 우리 동족으로 이 누각에 오르는 사람은 백성이 살아가는 이치가 본래 돈

후함을 생각하여 돈후함으로 귀결시킨 성인의 훈계를 체득하지 않음이 없어서 이름을 돌아보고 의리를 생각하여 덕으로써 스스로 권면하고, 반드시 근본을 돈후하게 하고 실제에 힘써 자신의 잘못은 혹독하게 꾸짖고 남의 잘못은 적게 질책하여 비교하며 따지는 마음을 단절하고, 피彼와 아我라는 사심을 제거하여 모든 사악하고 나쁜 습관이 마음속에 싹터서 일에 드러나지 않도록 한다면, 덕이 날로 닦여 스스로 돈후해질 뿐만 아니라, 무릇 백성을 교화하고 풍속을 이루는 돈후함도 장차 이로부터 비롯될 것이다.[3]

4) 초수재사

초수재사椒水齋舍는 무의공의 넷째 아들인 박선이 증조부모인 박영기와 영해신씨, 그리고 조부 박세렴 세 분의 묘를 수호하기 위해 1636년경에 지은 재사이다. 경상북도 영덕군 영해면 묘곡리 659번지에 있으며, 2007년에 경상북도 문화재 제526호로 지정되어 보호되고 있다. 건물은 정면 5칸, 측면 5칸 규모의 'ㅁ' 자형 건물인데, 뒷면은 4칸으로 정면 칸 수와 비대칭인 점이 특이하다. 또한 경사진 대지에 단을 두지 않고 자연스럽게 경사를 둔 흘림기단을 하였으며, 재사의 상부는 본체, 좌우익사, 전면부의 세 부분으로 나누어 용마루를 구성한 서산각 지붕 형태를 하고 있는

초수재사(무의공종가 제공)

등 조선 중기의 특징을 잘 보존하고 있다. 여러 차례 보수가 이루어졌으나 건립 당시의 모습을 비교적 잘 간직하고 있다.

충효당 전경(무의공종가 제공)

2. 충효당과 그 주변

1) 충효당

무의공의 넷째 아들 선璿이 1620년(광해군 12)에 건축한 집이다. 충효당은 도곡陶谷(가마골) 북방 야산을 배경으로 서향해서 터를 정하였다. 경상북도 영덕군 축산면 도곡리 137번지이다. 1988년 경상북도 민속자료 제83호로 지정되어 보호되고 있다. 무안박씨 무의공파 종택에서 300미터 남짓 떨어진 곳이다.

1620년 박선이 건축할 당초에는 99칸의 웅장한 규모였다고 한다. 그러나 두 차례에 걸친 큰 화재로 대부분 소실되었다. 1696년(숙종 22) 박선의 손자 호滈가 현재의 규모로 중건하여 오늘에

항공 촬영한 충효당 모습(무의공종가 제공)

충효당 안채(무의공종가 제공)

이르고 있다. 전체적으로 'ㅁ' 자형을 하고 있는데, 27칸의 정침과 우측 전면에 6칸의 사랑채가 연접해 있는 형태이다. 사랑채 뒤편에는 9칸의 사당이 있으며, 집의 동서편에 화장실이 두 개소 3칸이 있다. 도합 45칸 규모이다. 그 외 주택에서 조금 떨어진 곳에 경렴정景濂亭이라는 정자가 있다.

정침은 9칸 안대청을 중심으로 우측에 2칸 온돌방과 안대청보다 한 단 높게 난간을 세운 툇마루를 두고 좌 툇간은 도장과 3칸의 안방, 부엌을 연결시켜 좌익사를 이루고 있다. 안채 대청의 규모가 다른 집들에 비해 큰 편이어서 기둥 2칸을 세운 것이 특징이다. 그리고 전면 쪽은 대문간을 중심으로 우측에 2칸 사랑방과 폐쇄형 마루방을 두고 곳간과 연결하여 우익사를 만들었다.

정침 우측 모서리와 접속되면서 정면 3칸, 측면 2칸의 독립된 사랑채가 자리하고 있는데, 좌측 2칸에 온돌방을 두고 널찍한 4칸 대청으로 만들어졌다. 사랑채에는 전자체로 쓴 충효당이라는 현판이 걸려 있다. 당호를 충효당忠孝堂이라 명명하고 현판을 쓴 이는 숙종 때 우의정을 지낸 미수眉叟 허목許穆이다. 박호와 평소 친분이 두터웠던 허목이 삼척부사 시절에 써 준 것이라고 한다. 사랑채 대청 흙벽에는 박선의 8대손인 명필 춘수春秀가 쓴 주자의 「무이구곡시武夷九曲詩」와 두보杜甫의 시구가 있으나 지붕 누수로 인해 일부 훼손된 상태로 남아 있다. 가을 달밤에 썼다고 하여 월야벽서月夜壁書라고도 한다. 후손들이 본 시구를 목판으로

충효당 현판(무의공종가 제공)

충효당 사랑채(영남문화연구원 제공)

제작하여 보관하고 있다.

사랑채 뒤쪽으로는 네모난 흙담을 두르고 삼문을 설치한 정면 3칸, 측면 1칸의 맞배지붕 사당이 자리 잡고 있다.

2) 경렴정

경렴정景濂亭은 충효당 고택에서 약 100미터 정도 뒤편에 자리 잡고 있다. 박선이 원구리에 거주할 당시 구봉산 아래에 이오당二五堂을 건립한 적이 있었는데, 도곡리로 이거한 후 1656년(효종 7)에 두 칸 정도의 방만 있고 마루가 없는 띳집을 짓고 당호를 송와松窩라고 하면서 요양하는 장소로 삼았다. 이는 대개 문 앞에 대여섯 포기의 푸른 소나무가 마주 대하여 높이 수십 길이나 뻗어 있어 완상할 만하였기 때문이다. 5년 뒤인 1661년에는 건물 앞에 연못을 파서 연꽃을 심고 당호를 도와陶窩로 고쳤다. 혹은 경렴정이라고 하였다. 경렴은 「애련설愛蓮說」을 지은 송나라의 유학자인 염계濂溪 주돈이周敦頤를 경모한다는 뜻이다.

2년 뒤 손자 호가 조부의 학문탐구와 휴식공간으로 활용하기 위해 띳집을 철거하고 기와집으로 다시 건립하였다. 규모는 정면 3칸 측면 1칸 반의 홑처마 팔작기와집이다. 중간의 마루방을 중심으로 좌우에 온돌방을 두었고, 전면에는 반 칸 규모의 툇간에 헌함을 둘렀다. 이에 박선은 손자를 기특하게 생각하여 연

경렴정 현판(무의공종가 제공)

당蓮堂이라는 시를 읊어 기념하였다.[4]

울타리 바깥으로 돌을 둘러쌓으니 築石柴籬外
지은 집은 작은 연못 압도하는구나. 開軒壓小塘
가여운 고기는 마땅한 곳 얻어 노닐고 魚游憐得所
연꽃은 피어서 사랑스런 향기 품었네. 荷發愛含香
분수 따라 산 평생 만족스러워 隨分生涯足
편한 마음에 세상일을 잊었도다. 安心世事忘
때때로 맑은 바람 스스로 불어오니 淸風時自至
베개를 높이하고 복희씨를 꿈꾸었네. 高枕夢羲皇

경렴정(무의공종가 제공)

이후 경렴정은 무안박씨가를 중심으로 영남 일원의 선비들이 학문을 강론하는 명소로서의 구실을 하였다. 무안박씨가는 경렴정을 중심으로 문중 내 인사들의 결속과 학문수양을 장려하기 위해 계를 운영하였다. 이른바 '연정계'는 박선을 정점으로 그 자손들로 구성되었으며, 박선의 호학好學 전통을 계승하기 위한 목적으로 설립되었다. 1881년 박선의 8대손인 박기수에 의해 한 차례 크게 중수되었고, 이때 중수를 기념해 만든 시첩도 전하고 있다. 또한 1884년 계의 명칭을 '경렴정계'로 고치고 새로이 정비하였다. 이후 내외 자손뿐 아니라 영남 내 유림에게까지 참여의 범위가 확대되었다. 특히 1902년 좌목에는 222명의 명단이 수록되어 있는데, 영남의 명문가 출신으로서 지역적으로는 경상

『경렴정계첩』(무의공종가 제공)

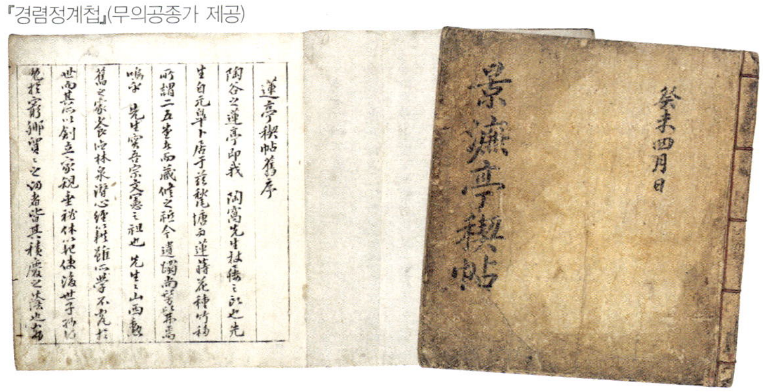

좌도를 포괄하고 있다. 단순한 문중 내의 친목이나 결속의 수준을 넘어 활발한 대외교유의 구심점으로서의 역할을 하였음을 알 수 있다.

3) 흥교당

흥교당興敎堂은 도와 박선과 대은臺隱 권경權璟의 위패를 모시기 위해 건립한 사당이다. 경렴정에서 약 50미터 정도 떨어진 위치에 있다. 본래 두 사람의 위패는 1688년에 유림의 합의에 의해 세워진 도계정사陶溪精舍에 봉향되어 있었는데, 이 도계정사가 훼철되면서 흥교당을 새롭게 지어 두 사람의 위패를 모시게 되었다. 사당의 전체 규모는 정면 4칸, 측면 2칸의 맞배지붕 기와집이다. 사당의 둘레에는 토석 담장을 둘렀으며, 옆쪽 담장 사이에는 네 개의 기둥으로 세워진 문을 설치하였다. 두 칸의 대청을 중심으로 좌우에 한 칸의 온돌방을 두었다. 대청과 좌우의 온돌방 앞쪽으로 반 칸 정도의 마루를 내었다. 대청의 전면에는 네 짝의 분합문을 설치하여 마루방을 이루었다.

흥교당(무의공종가 제공)

3. 경수당과 그 주변

1) 경수당

박세순朴世淳이 32세 때인 1570년(선조 3)에 99칸 규모로 건립한 집이다. 1668년(현종 9)에 화재로 소실되었다가 증손인 문약文約이 1713년(숙종 39)에 현재의 규모로 복원하여 지금에 이르고 있다. 경상북도 영덕군 영해면 원구리 112번지에 위치하고 있는데, 원구마을 안쪽의 평지에 북동향으로 자리 잡고 있다. 1997년 경상북도 유형문화재 제297호로 지정되었다.

박세순은 1599년 무과에 급제하고 임진왜란 때 세운 공으로 선무원종공신宣武原從功臣 2등에 봉하여졌으며, 절충장군折衝將軍

경수당 원경(무의공종가 제공)

항공 촬영한 경수당 모습(무의공종가 제공)

첨지중추부사僉知中樞府事 겸 오위장五衛將을 지냈다. 그 아들 진장이 무후하여 의장의 삼남 늑을 양자로 삼아 대를 이었다. 이로 인해 무의공의 집안과도 더욱 각별한 인연이 있는 집이 된 것이다.

입구 정면으로 정침正寢이 있고 그 오른쪽에 대청이 있다. 대청 전면에 일각문이 있고, 대청의 뒤쪽에 사당과 서당이 있었으나 철거되었으며, 현재는 후원만 조성되어 있다.

정침은 정면 7칸, 측면 6칸 규모의 'ㅁ' 자형이며, 중문칸을 중심으로 좌측으로는 도장과 마구간을 두었으며, 우측으로는 안사랑방과 대청 2칸, 감실龕室을 연접시켰는데 마루의 우측칸과 감실방은 우익사에서 돌출되어 편날개집 형태를 하고 있다.

중문에 들어서면 3칸 정도의 안마당을 사이에 두고 정면하여 대청이 자리 잡고 있다. 그 좌측으로는 도장방, 안방, 부엌을 연결시켜 좌익사가, 우측으로는 귀방, 통래칸, 광, 대청채의 후원과 연결되는 문간, 중방이 연결되어 우익사가 있다.

대청은 정면 3칸, 측면 2칸의 팔작기와집으로 좌측칸에 전후로 2칸의 대청방을 두고 우측칸은 모두 마루방으로 꾸몄다. 사랑채에는 경수당慶壽堂이라는 현판이 걸려 있다. 퇴계 이황의 친필이다. 당시 박씨 집안은 재물을 다루는 능력이 다소 있었던 듯한데, 단순히 재물을 모으는 데만 급급한 것이 아니라 가난하고 불쌍한 사람들을 돕는 데도 재물을 아끼지 않았기 때문에 이웃들로부터 많은 칭송을 받기도 했다. 이 소문을 전해들은 퇴계선생이

경수당 안채(무의공종가 제공)

경수당 사랑채(무의공종가 제공)

경수당 현판(영남문화연구원 제공)

1543년(중종 38) 결사돈의 관계에 있던 박영기朴榮基에게 '경수당慶壽堂' 이라는 편액을 손수 써서 보내 주었다. 박영기의 아들 세현이 퇴계의 질서姪壻였다. '경수당' 이라는 말은 『주역周易』의 '적선지가필유여경積善之家必有餘慶' (선행을 쌓은 집안에는 반드시 경사가 넘쳐난다)과 『서경書經』의 '인간오복수위선人間五福壽爲先' (사람의 다섯 가지 복 가운데 수명이 으뜸이다)에서 각각 한 글자씩 따온 것이다. 이는 남을 위해 아낌없이 베풀고, 자신을 위해서는 건강에 힘써 장수할 수 있도록 하라는 가르침이었다.

훗날 이 가문의 외손인 밀암密庵 이재李栽는 「경수당중수기慶壽堂重修記」에서 다음과 같이 그 의미를 자세히 풀이해 두었다.

『주역』에 이르기를 "선행을 쌓은 집안에는 반드시 나중에 보답받는 경사가 있다"라고 하였으니, 이 말은 집안에서 쌓은 업적이 착한 것일 경우 그 복록과 경사가 자손들에게 미친다는 의미이다. 『서경』 「홍범洪範」에서는 아홉 번째로 '다섯 가지의 복'을 말했는데, 그 하나가 수壽이다. 이는 사람이란 반드시 수명대로 산 다음이라야 여러 가지의 복을 길이 누릴 수 있다는 의미이다. 착한 업적을 쌓지 않고 어떻게 경사를 이르게 할 수 있겠으며, 경사가 이르게 하고자 할 경우에는 또 무엇이 수명보다 더 앞서겠는가. 집안에 경사가 없다면 그만이겠지만, 있다면 수명을 제대로 누리는 것만한 일이 없다. 생각건대 우리 외가가 '경수'로써 일컬어지는 것도 또한 이러한 데에서 취할 점이 있지 않겠는가. 외가 일족은 혁혁한 자손들을 둔 나머지 대대로 덕업을 쌓고 선행을 베풀어서 수명, 부귀, 강녕을 누렸고 또한 두드러지게 공훈을 세워 성대하게 동남지역의 명망 있는 집안이 되었으므로 세상에서 복록과 경사를 얘기하는 사람들은 모두 우리 외가를 꼽는다.[5]

그 후 박영기의 넷째 아들인 세순이 누구보다 재물을 다루는 데 재능이 있어서 30세 이전에 이미 영해, 경주, 안강安康 등에 많은 토지를 소유하여 만석꾼으로 불리게 되었으며, 갓 서른이 지난 시점에 99칸의 웅장한 저택을 짓는 재력을 가지게 되었다. 그러자 아버지는 퇴계선생이 손수 쓴 현판을 아들의 집 대청 가운데 걸어 주고 그 뜻을 가슴 깊이 새기기를 당부했다. 박세순도 그 뜻을 잘 새겨 임진왜란의 어려움 속에 거액의 재물을 군량미와 구호미로 내놓았다. 조카인 경주부윤 박의장이 곤경에 처해 있다는 소식을 듣고 양곡 800석을 내어 700석은 군량미로 쓰고, 나머지 100석은 난민을 구제하는 데 쓰도록 한 것이다.

1668년의 화재 때 온 집이 다 탔으나 경수당 현판만 한 아이의 기지로 온전히 보존할 수 있었다고 한다. 중수와 관련된 전말은 이 집안의 외손인 밀암 이재가 쓴 「경수당중수기」에 잘 나타나 있다. 중수기는 사랑채 중당에 걸려 있다. 박세순의 증손 문약文約은 선대의 유업을 소실한 데 대한 강한 책임감을 느끼고 직접 재목을 베고 기와를 구워 중수를 준비하였다. 그러나 연이은 흉년으로 실행에 옮기지 못하고 말년에 손자 종상宗相에게 일임하였다. 박문약의 자손들이 가력을 결집해 1701년에 마침내 경수당을 중건하였다. 중수된 경수당은 옛 모습을 모방하면서도 규모를 키웠지만 대체로 검약한 모양을 갖추었다.

한편 후원의 연못가에는 오래된 향나무가 보존되어 있는데, 1997년 경상북도 기념물 제124호로 지정되었다. 이 나무는 높이가 6미터, 둘레가 3미터, 밑둥치 둘레가 4.7미터, 수간 폭이 8.9미터에 이른다. 나무줄기 일부가 고사枯死하였으나 비교적 양호한 편이다. 이 향나무는 주로 울릉도에 자라고 있는 수종으로 당시

약 300년생이 된 나무를 다시 옮겨 심었다고 한다. 따라서 나무의 수령은 대략 700년으로 추정하고 있다. 일설에 경수당의 건립자인 박세순이 심었다고 전해지나 고증할 만한 기록은 없다.

2) 금서헌

박륵이 1643년 영해 원구리 중구봉 산자락에 후학 양성을 위해 지은, 도서관 역할을 한 서실이다. 후손 중에서 문인을 배출하게 하는 밑거름이 되었다.

금서헌琴書軒은 동해를 보며 정동향으로 지어졌는데, 정면 3칸, 측면 1칸 반이며 정자 입구에 사주문이 별도로 있어 위엄이

금서헌 현판(무의공종가 제공)

금서헌(무의공종가 제공)

있어 보인다. 정자 주위에는 토석담장을 둘렀다. 전체적으로 볼 때 정자와 담장과 중구봉 주위의 울창한 나무들이 잘 조화를 이루고 있다. 대청을 중심으로 좌우에 방을 배치하였는데, 전면에는 반 칸 규모의 툇간을 두었다. 대청도 전면에 들문을 설치하여 겨울에는 닫을 수 있도록 하였다.

금서헌이란 이름은 사돈인 석계石溪 이시명李時明이 지어 주었다. 이시명은 박륵이 서책을 좋아하는 호학한 기질이 있고 거문고의 풍류를 중요시하는 점을 들어 정자의 이름을 '금서헌'이라고 짓고 직접 기문을 지었다. 정자의 양 협실 중 동편에는 거문

「금서헌기」(무의공종가 제공)

고를 넣어 두고, 서편에는 서적을 보관한 것에서 이름을 따온 것이다. 이시명은 기문에서 박륵의 금서헌에서의 생활을 다음과 같이 상상하면서 기대하였다.

> 바람 부는 난간에서 더위를 물리치면서 술 한 잔에 얼근히 취해 베적삼을 반쯤이나 풀어 젖힌 채 왼쪽에서 들려오는 거문고 소리를 들으면, 그 소리가 참으로 시원할 것이다. 그리고 오른쪽에서 들려오는 책 읽는 소리도 매우 낭랑할 것이다. 자네는 높은 베개에 비스듬히 갓을 쓰고 즐거운 마음으로 이러한 소리를 듣는다면 나쁜 마음이 어떻게 생길 것이고, 속되고 천한 마음이 어떻게 생길 수 있겠는가. 거문고를 갈무리하고 서책을 쌓아 둔 효과가 금방 보이지는 않겠지만 시간이 흐르면

서 은연중에 저절로 자네를 변화시킬 것이네.[6]

금서헌은 영해지방 유림에게 오늘의 도서관 기능으로 향토 교육의 일익을 담당하여 지역사회 문흥文興에 공헌하였다. 편액은 박륵의 글씨라고 전한다.

주

1) 『국역 관감록』 3, 습유, 「구봉정사 상량문」.
2) 한국학중앙연구원, 『節義를 숭상하고 忠情에 뜻을 두다: 무안박씨 무의공 후손가』(『명가의 고문서』 7, 2009), 237~238쪽.
3) 한국학중앙연구원, 『節義를 숭상하고 忠情에 뜻을 두다: 무안박씨 무의공 후손가』, 224~225쪽.
4) 『국역 도와선생문집』 1, 시, 「연당」.
5) 한국학중앙연구원, 『節義를 숭상하고 忠情에 뜻을 두다: 무안박씨 무의공 후손가』, 22~23쪽.
6) 박약회 영덕지회, 『영덕의 정자-영해면』, 「금서헌기」, 290~292쪽.

제6장 종손과 종부의 삶

1. 노종부의 이야기

무의공의 14대 종부(김화자, 72세)는 현재 혼자서 종가를 지키고 있다. 아들 셋이 있지만 모두 직장을 따라 외지에 나가서 살고 있기 때문이다. 스물세 살에 동갑내기 종손(박동복, 1991년 작고)에게 시집와서 50년째 종가를 지키고 있는 셈이다.

친정은 안동 지례동으로 의성김씨 국촌댁의 귀한 따님이었다. 숙종 대 대사간을 지낸 지촌 김방걸의 후손으로서 친정 조부와 부친은 사대부 가문의 풍모를 지키고자 하였던 분들이었다. 조모는 안동김씨 보백당 김계행의 후손이었고, 모친은 광산김씨 후조당 김부필의 자손이었다. 두 분 모두 사대부가의 부덕을 잘 닦은 곱고 인자한 분들로 종부의 기억 속에 남아 있다.

사당 앞 배롱나무 옆에 선 노종부 의성김씨 김화자 여사(무의공종가 제공)

부친은 해방 후 일본으로 건너갔다가 소식이 두절되었고, 모친은 40대의 젊은 나이에 세상을 떠났기 때문에 종부는 열일곱 살 때부터 조부모의 슬하에서 성장하였다. 조부는 당신의 딸 다섯 명 중 한 명도 종갓집에 시집보내지 못한 것을 못내 아쉬워하여 이 손녀만큼은 번듯한 종갓집의 종부로 시집보내려 하였다. 당시에도 종부로서의 삶이 만만치 않다는 것을 다 알았기 때문에 집안 식구들의 반대가 심하였음에도 불구하고 조부는 무의공 종손과의 결혼을 관철시켰다. 혼담이 오고 갈 무렵 조부는 수시로 손녀딸을 불러 앉혀 놓고 종부로서 지켜야 할 범절을 가르쳤다.

종갓집에 너를 시집보낼 참인데 아무리 좋은 일이 있어도 하하하 하고 웃지 말고, 아무리 안 좋은 일이 있어도 굳이 성내지 말거라. 그리고 사람은 누구든 절대 무시해서는 안 되고, 그저 평등하게 대해야 한다.

지금도 종부는 조부가 당부하던 그 말씀을 그 모습과 함께 생생하게 기억하고 있다. 성품을 바르게 쓸 것을 강조한 데서부터 손님을 접대하는 법에 이르기까지 시간만 되면 두어 시간씩 종부 수업을 시키곤 하였다.

시집을 와서 보니 종가의 살림은 퇴락한 상태였다. 조선조 말까지만 해도 사방 50리를 종가 땅만 밟고도 갈 수 있었다고 하는 시절이 있었다. 그러나 일제강점기 때 시조부인 박우종(박경종으로 개명)이 그 많던 땅을 다 팔아 독립운동에 투신하면서 종가의 살림살이는 급격히 줄어들어 있었다. 해방 후 도의원을 지낸 시아버지 박구락도 돌아가시고 계시지 않았다.

4남매의 막내를 낳은 직후인 서른네 살의 종부는 생활 전선에 뛰어들 수밖에 없었다. '몸빼이' 라고 불리던 작업복 바지를 입고 논으로 나섰다. 다른 사람들은 다 입어도 종부가 그걸 입고 대문 밖을 절대 나서서는 안 된다고 집안 어른들이 걱정하면서 말리기도 하였다. 그러나 하루하루 생계를 걱정해야 하고 또한 자식 공부를 생각하는 종부의 뜻을 꺾을 수는 없었다. 논에 들어가 집안 어른들에게서 모내기하는 법을 배웠다. 집안 어른들도 처음에는 종부가 이런 일을 한다면서 더러 말리기도 하였지만 생계를 마련할 다른 뾰족한 길이 없었기 때문에 끝내는 묵인할 수밖에 없었다고 한다.

처음 하는 모내기가 잘될 리가 없었다. 저녁에 집에 돌아와서는 세숫대야에 모래를 담아 놓고 모심는 연습을 하였다. 낮에는 나가서 논밭일하고, 저녁에는 돌아와서 살림을 살았다. 하루 세 시간을 자면서 버티어야 했다. 여느 가난한 집 여인들과 다름없는 고단한 생활의 연속이었다. 멀리 고향 땅을 생각하고 때로는 이곳으로 시집보낸 조부모님 원망도 해 보았다. 그러나 이미 주어진 운명이요 팔자였으니 그 누구를 원망하고 또 하소연하리오. 그 힘든 시기에도 제사는 꼬박꼬박 잘도 돌아왔다. 그럴 때면 남편이 미안해하면서 위로 삼아 던진 "잘 참고 견디면 먼 훗날 우리에게도 좋은 날이 있을지 누가 아느냐?" 라는 그 말 한마디가 참으로 큰 위안이 된 세월이었다.

그런 남편도 30대 후반에 병에 걸려 12년 동안 병원 신세를 지다가 50세를 갓 넘긴 나이에 세상을 떠나고 말았다. 그러니 집안 살림은 물론이고 남편 병 수발도 고스란히 종부의 몫이었다. 종부에게 무한한 책임만을 지워 둔 채 떠나면서 못내 눈을 감지 못한 남편은 이 집안을 지탱해 줄 사람은 당신밖에 없다면서 조금만 더 참고 견디어 달라고 두 손을 꼭 잡은 채 당부하였다.

어린 4남매의 교육도 고스란히 종부의 몫으로 남겨졌다. 틈틈이 옛날이야기 삼아 조상에 대한 이야기를 해 주었다. 무의공 할아버지가 왜 무의공 할아버지라고 불리는지부터 시작하여 임진왜란 때 세운 전공에 대해서도 아는 대로 이야기해 주곤 하였다. 그러면서 종갓집 자식으로서의 지켜야 할 기본적인 자세로 자연스럽게 이야기가 연결되었다.

> 너희들은 종갓집 자손이기 때문에 다른 집 자손보다도 더 모범적인 행동을 해야 하고, 절대로 남을 때리거나 욕하거나 싸워서는 안 된다. 혹 동네 어른이 무거운 짐을 들고 가는 것을 어디서라도 보게 되면 빨리 쫓아가서 그 짐을 받아 가지고 가져다 드리고 해야 한다.

자식들은 종부의 바람대로 바르게 잘 커 주었다. 동네 할머니들로부터 "세상에 종갓집 아들만한 아이들이 어디에 있겠느냐"라는 칭찬을 들을 때면 피곤함이 싹 가시면서 새로운 희망이 싹텄다.

물불과 밤낮을 가리지 않고 부끄러움을 무릅쓰면서 한 40여 년을 열심히 노력한 결과, 고생을 낙으로 삼고 살아온 보람을 이제야 느낀다고 한다. 자손이 귀한 집에 시집을 와서 슬하에 4남매를 두었으며, 그 자식들이 모두 효성과 우애가 지극하니 고생

노종부의 하루(무의공종가 제공)

한 보람인가 싶다. 맏손자가 명문 대학에 입학하더니 입대한다고 군복을 입은 어엿한 모습을 볼 때도 흐뭇함을 느꼈다. 무엇보다도 동네 집안 어른들이 안팎으로 잘 보살펴 주면서 종부로서 인정을 해 줄 때 제일 뜻깊은 보람을 느꼈다.

노종부는 수십 년 전부터 쓴 일기를 지금도 쓰고 있다. 날씨도 기록하고, 다녀간 손님도 쓰고, 무슨 일로 방문하였는지도 쓰고, 하루에 있었던 일도 쓴다. 지금은 손이 떨려서 글씨가 예전만 같지 않지만 그래도 쓸 수 있을 때까지는 쓰려고 하고 있다. 자식들도 한 권이라도 헛되게 버리지 말라고 당부한다. 나중에 우리라도 보겠다고. 가문의 중요한 기록이 이렇게 또 만들어진다.

2. 종손 내외의 생각

무의공의 15대 종손인 박연대는 올해로 49세의 장년이다. 사업체를 운영하면서 서울에서 살고 있다. 1991년 그의 나이 27세에 아버지가 돌아가셨기 때문에 종손을 계승한 지 벌써 20년이 훌쩍 넘었다.

그의 아버지인 14대 종손 박동복은 외아들로서 전 문중 사람들의 축복 속에서 가풍과 예법을 엄격히 배우며 반듯하게 자랐다. 당시 명문고였던 경북고를 졸업하고 중앙대학교 법대를 다닌 인재였다. 대학을 졸업하고 한국전력공사에 취직하여 직장생활을 좀 하였으나 대학생 시절에 세상을 떠난 13대 종손인 아버지(박구락, 1907~1961)를 대신하여 종가를 지키기 위해 낙향의 길을

종손 박연대(무의공종가 제공)

택하였다. 조부인 12대 종손 박우종(박경종으로 개명)의 독립운동을 포함한 조상들의 이력을 밝히고 선양하며, 종가의 유물과 가풍을 지키고 발전시키는 데 노력하였다. 특히 붓글씨를 잘 써서 주변에 명성이 자자하였다. 하지만 그 뜻을 충분히 펼치지 못한 채 50세를 일기로 세상을 떠났다.

현 종손은 어린 시절 아버지로부터 "집성촌인 마을의 어른들과 이웃들에게 차종손으로서 모범을 보이고 항상 겸손하며, 타인에게 너그럽고 자신에게 엄격하라"라는 말을 많이 들으면서 자랐다. 그리고 조상님 모시는 예법을 잘 익혀서 문중 사람들로부터도 존경과 인정을 받을 수 있도록 노력하라는 말씀도 많이 들었다. 어머니로부터도 "사람은 참을 줄 알아야 되고, 남을 도울 줄 알아야 한다. 그것이 조상들이 너희들에게 남긴 교훈이다"라는 말씀을 기회가 있을 때마다 듣곤 하였다.

어릴 때는 종갓집이 왜 이렇게 가난할까라는 원망 어린 생각도 가끔 하였고, 자라면서는 문중 어른들의 간섭에 반항을 한 적도 있었다. 그러나 나이가 들고 철이 들면서 문중 사람들이 종손에 대해 바라는 바도 이해가 되었고, 더구나 임란 공신인 무의공이나 독립운동에 투신한 증조부의 숭고한 정신을 생각할 때 더욱 막중한 책임감을 가지게 되었다.

결혼부터도 쉽지 않았다. 현 종손은 중매결혼을 한 것이 아니라 소위 연애결혼을 하였다. 상대는 대학교 시절에 만난 서울 출신의 여학생이었다. 어머니를 위시한 집안의 어른들은 처음에는 당연히 반대를 하였다. 종가도 보통 종가도 아니고 불천위를 모시는 종가의 맏며느리 노릇을 풍속도 다르고 습관도 다르며 어릴 때부터 듣고 본 것이 없는 사람이 도대체 감당할 수 있겠느냐는 걱정에서였다. 그러나 두 사람의 굳은 마음을 누구도 막을 수가 없었다. 신랑 아버지와 신부 아버지는 각각의 며느리와 사위를 그렇게 마음에 들어 했다고 하니 든든한 지원군도 확보한 터였다. 더구나 신부될 사람이 '어머니가 하신 일을 저라고 왜 못하겠느냐' 고 당차게 나서는데야 끝내 반대할 명분과 논리도 마

현 종손 내외(무의공종가 제공)

땅히 없는 것이었다. 우여곡절을 겪은 끝에 두 사람은 결혼에 성공하였다.

종부 남지숙은 노종부로부터도 차츰 실력을 인정받았다. 모시 두루마기의 동정 달기, 제상에 올릴 떡 괴기 등 시어머니의 살림살이 시험을 하나하나 무난히 통과한 결과였다. 그리고 아랫동서들과 우애 있게 지내면서 더러 조언자로서의 역할도 잘 수행함으로써 그야말로 집안의 든든한 기둥으로 자리를 확고하게 잡았다. 그러니 이제는 인정을 넘어 상당한 믿음을 주는 단계에까지 올랐다. 마음을 놓을 수 있을 것 같은 생각이 든 노종부도 종부에 대한 칭찬 일색이다.

종손의 종가와 문중에 대한 자부심은 확고하다. 하루를 시작할 때 자세를 가다듬고, 일과를 마감할 때는 항상 종손으로서 부끄럽지 않았는지 반성한다. 또 어떤 행동을 할 때는 '400년 뿌리 깊은 가문의 조상님들이 내려다보고 계신다' 고 생각하면서 행동하려고 노력하고 있다.

> 저희는 나라가 위기에 처했을 때마다 국난 극복을 위해 일신의 안위는 생각지 않고 온몸을 던져 나라를 구한 조상님들의 선비정신을 강조합니다. 특히 소안동으로 불리는 영해지역의 여러 문중 중에서도 국불천위에 대한 자부심이 강합니다. 그리고 문중을 위한 종인들의 향념이 강한 것은 타 문중에서 특히 부러워하는 점입니다.

훌륭한 조상의 정신을 계승하는 후손으로서의 자랑스러움과 종가를 중심으로 탄탄한 결속력을 보여 주는 문중 사람들에 대한 믿음이 절로 묻어난다.

종손도 두 가지 밀린 숙제를 벌써 끝내었다. 하나는 종택을 원형을 살려 잘 보수하는 것이었고, 다른 하나는 집안에 보관하고 있던 각종 유물과 전적들을 안전하게 잘 관리하면서 책으로 만들어 전 문중 사람들에게 보급하는 것이었다. 이 두 가지 사업을 문중 어른들의 도움 속에 문화재청, 한국학중앙연구원, 영덕군청 등의 협조로 일단락 지었다. 종택의 보수도 완료되었고, 유물과 전적들은 안전과 연구를 위해 한국학중앙연구원에 기탁하였다. 그리고 몇 권의 책자를 발간하여 후세에 전하도록 하였다.

하지만 예전에 비해 제사에 참석하는 제관들의 숫자나 관심도가 떨어진 것은 불가피한 현실이며, 접빈객의 경우도 노종부 혼자 집을 지키다 보니 예전만 못한 것도 사실이다. 바쁘게 살아가는 문중인들의 참석률을 조금이나마 높이기 위해 다른 행사 날짜를 불천위 기일과 겹치게 하는 방안도 모색하고 있다. 그리고 종가를 찾는 외부 손님을 위해서는 간단한 안내 책자를 비치하여 이해에 도움을 주고자 하는 작은 실천도 하고 있다.

종손은 종가의 전통이 약간의 변화야 있어야겠지만 정신만큼은 면면히 이어지기를 바라고 있다. 그러면서 현 시대에 맞는 종가의 새로운 활용 가치에 대해서도 주목하고 있다.

> 종가로서 흔들릴 수 없는 전통은 봉제사 접빈객입니다. 그 예법의 정도는 아버님 시대에 비해 제 자식의 시대에서는 달라지겠지만, 문중의 중심으로서 조상을 모시는 정신은 유지해야겠지요. 그래도 절차와 방식은 형편에 맞게 좀 바뀌어야 되고, 종택도 교육과 체험의 공간으로 활용될 수 있도록 변화가 필요할 거 같습니다. 종가는 한 문중의 구심점입니다. 개인주의가 팽배해지는 현 시점에서 종가가 가지고 있는 전통과 역사

를 통해 조상을 모시고 어른을 공경하며 부모를 섬기는 예절을 체득하는 배움의 장소로 활용될 수 있으면 좋겠지요. 그래서 젊은이들이 이런 정신을 배울 수 있는 '전통정신 수련의 장'으로 활용할 생각을 구상 중입니다.

종손 내외는 슬하에 1남 1녀를 두고 서울에서 잘 살고 있다. 아들인 차종손은 벌써 대학을 들어갔으며, 건강하게 자라 현재 군복무 중이다. 종손은 아버지가 자신에게 그러하였듯이, 항상 겸손하라고 강조한다. 그리고 임란 공신인 무의공 할아버지로부터 독립운동가 할아버지로 이어지는 400년 종가의 차종손으로 행동하라는 당부도 빼놓지 않는다. 더 이상 무슨 긴 말이 필요하겠는가?

참고문헌

국가보훈처, 『대한민국 독립유공자 공훈록』 4, 1987.

권순일, 『무안박씨 영해파연구 – 영해 경수당을 중심으로 –』, 일일사, 1992.

김희곤 외, 『영덕의 독립운동사』, 영덕군, 2003.

도와선생문집국역간행추진위원회, 『국역 도와선생문집』, 2001.

박약회 영덕지회, 『영덕의 정자』, 대보사, 2012.

박의장 저, 이수락 역, 『국역 관감록』, 관감록역간추진위원회, 1979.

영해파세보편찬위원회, 『무안박씨영해파세보』, 2007.

예병주 편저, 『무의공 박의장 장군』, 겨레, 1999.

우인수, 『임란의병의 힘, 영천 호수 정세아 종가』, 예문서원, 2012.

장동익 편저, 『농아당 박홍장의 생애와 임난구국활동』, 경북대학교 퇴계연구소, 2002.

최효식, 『경주부의 임진항쟁사』, 경주문화원, 1993.

______, 『임진왜란기 영남의병연구』, 국학자료원, 2003.

______, 『임난기 경상좌도의 의병항쟁』, 국학자료원, 2004.

한국학중앙연구원, 『고문서집성 82 – 영해 무안박씨편(Ⅰ): 무의공(박의장)종택』, 2005.

______________, 『節義를 숭상하고 忠情에 뜻을 두다: 무안박씨 무의공 후손가』(『명가의 고문서』 7), 2009.

설석규, 「유일재 김언기의 학풍과 학맥」, 『한국의 철학』 30, 2001.

우인수, 「무안박씨 영해파와 무의공 박의장」, 『조선사연구』 17, 2008.

______, 「무안박씨 영해파 박의장 가문 사람들의 삶의 궤적」, 『節義를 숭상하고 忠情에 뜻을 두다: 무안박씨 무의공후손가』(『명가의 고문서』 7), 한국학중앙연구원, 2009.

장준호, 「임진왜란시 박의장의 경상좌도 방위활동」, 『군사』 76, 2010.

정구복, 「무안박씨 무의공가의 사회경제적 기반과 소장 고문서의 성격」, 『고문서집성 82－영해 무안박씨편(Ⅰ): 무의공(박의장)종택』, 한국학중앙연구원, 2005.

정수환, 「조선후기 영해 무안박씨가의 가계와 가계운영의 한 양상」, 『고문서집성 90－영해 무안박씨편(Ⅱ): 무의공(박의장)종택』, 한국학중앙연구원, 2008.

______, 「고문서를 통한 영해 무안박씨 가계의 재조명」, 『節義를 숭상하고 忠情에 뜻을 두다: 무안박씨 무의공후손가』(『명가의 고문서』 7), 한국학중앙연구원, 2009.

______, 「조선시대 양반가문의 가계경영 전략 －영해 무안박씨 박선 종택의 사례」, 『고문서집성 99－영해 무안박씨 충효당편』, 한국학중앙연구원, 2011.